文学名家 作品精选

汪曾祺经典作品选

WANG ZENGQI JINGDIAN ZUOPIN XUAN

汪曾祺 ○ 著
丁玉婷 ○ 编

名师赏读版

北京出版集团
北京教育出版社

图书在版编目（CIP）数据

汪曾祺经典作品选 / 汪曾祺著 . — 北京 ：北京教育出版社，2021.7（2024.8 重印）
（文学名家作品精选）
ISBN 978-7-5704-3558-6

Ⅰ. ①汪⋯　Ⅱ. ①汪⋯　Ⅲ. ①中国文学—当代文学—作品综合集　Ⅳ. ① I217.2

中国版本图书馆 CIP 数据核字（2021）第 138080 号

文学名家作品精选
汪曾祺经典作品选

汪曾祺 ○ 著

*

北 京 出 版 集 团
北 京 教 育 出 版 社　出版
（北京北三环中路6号）
邮政编码：100120

网址：www.bph.com.cn
北 京 出 版 集 团 总 发 行
全 国 各 地 书 店 经 销
北京飞达印刷有限责任公司印刷

*

710mm×980mm　16开本　10印张　140千字
2021年7月第1版　2024年8月第3次印刷

ISBN 978-7-5704-3558-6
定价：26.80元

版权所有　翻印必究
质量监督电话：（010）58572823　58572393
如有印装质量问题，由本社负责调换

前言

汪曾祺（1920—1997），江苏省高邮市人，中国当代著名作家，以短篇小说和散文闻名，被誉为"抒情的人道主义者，中国最后一个纯粹的文人，中国最后一个士大夫"，他本人也自称是"中国式的抒情人道主义者"。同时，汪曾祺对戏曲以及民间文艺也研究颇深。

1939年，十九岁的汪曾祺考入西南联合大学中国文学系，师从沈从文，并在沈从文的指导下进行文学作品的创作，入学次年，即发表了小说《小学校的钟声》《复仇》等。此后，汪曾祺相继发表了小说集《邂逅集》，短篇小说《受戒》《大淖记事》，散文集《逝水》《蒲桥集》，等等。

汪曾祺是一位深受中国传统文化影响的作家。在创作上，汪曾祺主张回到现实主义，表现民族传统文化，表达纯真、自然的情感。与之对应，他的小说大都取材于民情风俗、日常生活，其语言自然、活泼；文风清新、质朴；意境优雅、唯美。汪曾祺的散文别具一格，其主要内容是刻画民俗、民风，字里行间蕴含着对民族传统文化的深切情感。他曾这样说过："风俗是一个民族集体创作的抒情诗，它反映了一个地方的人民对生活的挚爱，对活着所感到的欢愉。"汪曾祺这种风格的作品，对乡土文学、寻根文学产生了很大的影响。

  从本书编选的作品当中，我们能够看到汪曾祺十分深厚的文化功底和文学才能——每一篇文章都能让我们感受到那种追求文化之美的极致精神，小到一碗"豆汁儿""咸菜茨菰汤"，大到"胡同文化""人间草木"，都极具美感。他曾这样评价自己："我所追求的不是深刻，而是和谐……我写的是美，是健康的人性。美，是什么时候都需要的。"他又自信地说："我非常重视语言，也许我把语言的重要性推到了极致。我认为语言不只是形式，本身便是内容。"从这些自我评价当中，我们能够看出汪曾祺有着自成一体的一种理念，一种精神。可以说，带着"和谐""美""语言"等标签来阅读本书，你会对汪曾祺的作品理解得更为深刻，会更为贴近他的创作意图，也更能学习到许多对自己有切身益处的写作技巧。

目录

第一章 五味

端午的鸭蛋…………002

豆汁儿……………007

炒米和焦屑…………011

咸菜茨菇汤…………016

萝　卜……………019

栗　子……………025

昆明菜……………029

五　味……………034

第二章 旅行杂记

胡同文化…………040

天山行色…………046

湘行二记…………056

菏泽游记…………065

隆中游记…………073

兵马俑的个性………077

第三章　人间草木

- 人间草木 …………………… 082
- 葡萄月令 …………………… 089
- 花　园 ……………………… 098
- 夏天的昆虫 ………………… 108
- 腊梅花 ……………………… 112
- 紫　薇 ……………………… 116
- 北京的秋花 ………………… 121

第四章　人间风景

- 翠湖心影 …………………… 128
- 冬　天 ……………………… 137
- 夏　天 ……………………… 142
- 淡淡秋光 …………………… 146

我的读后感 …………………… 153

第一章 五味

端午的鸭蛋

铺垫：引出下文所提到的端午的各种风俗，同时为描写家乡的鸭蛋做铺垫。

对比修辞：将黄烟子与北方的麻雷子做对比，形象地写出了黄烟子的大小以及其以雄黄为填充物的特点。

　　家乡的端午，很多风俗和外地一样。系百索子。五色的丝线拧成小绳，系在手腕上。丝线是掉色的，洗脸时沾了水，手腕上就印得红一道绿一道的。做香角子。丝线缠成小粽子，里头装了香面，一个一个串起来，挂在帐钩上。贴五毒。红纸剪成五毒，贴在门槛上。贴符。这符是城隍庙送来的。城隍庙的老道士还是我的寄名干爹，他每年端午节前就派小道士送符来，还有两把小纸扇。符送来了，就贴在堂屋的门楣上。一尺来长的黄色、蓝色的纸条，上面用朱笔画些莫名其妙的道道，这就能辟邪么？喝雄黄酒。用酒和的雄黄在孩子的额头上画一个王字，这是很多地方都有的。有一个风俗不知别处有不：放黄烟子。黄烟子是大小如北方的麻雷子的炮仗，只是里面灌的不是硝药，而是雄黄。点着后不响，只是冒出一股黄烟，能冒好一会。把点着的黄烟子丢在橱柜下面，说是可以熏五毒。小孩子点了黄烟子，常把它的一头抵在板壁上写虎字。写黄烟虎字笔画不能断，所以我们那里的孩子都会写草书的"一笔虎"。还有一个风俗，是端午节的午饭要吃"十二红"，就是十二道红颜色的菜。十二红里我只记得有炒红苋菜、油爆虾、咸鸭蛋，其余的都记不清，数不出了。也许十二红只是一个名目，不一定真凑足十二样。不过午饭的菜都是红的，这一点是我没有记错的，而且，苋菜、虾、鸭蛋，一定是有的。这三样，在我的家乡，都不贵，多数人家是吃得起的。

　　我的家乡是水乡，出鸭。高邮大麻鸭是著名的鸭种。鸭多，鸭蛋也多。高邮人也善于腌鸭蛋。高邮咸鸭蛋于是出了名。我在苏南、浙江，每逢有人问起我的籍贯，回答之后，对方就会肃然起敬："哦！你们那里出咸鸭蛋！"上海的卖腌腊的店铺里也卖咸鸭蛋，必用纸条特别标明"高邮咸蛋"。高邮还出双黄鸭蛋。别处鸭蛋也偶有双黄的，但不如高邮的多，可以成批输出。双黄鸭蛋味道其实无特别处，还不就是个鸭蛋！只是切开之后，里面圆圆的两个黄，使人惊奇不已。我对异乡人称道高邮鸭蛋，是不大高兴的，好像我们那穷地方就出鸭蛋似的！不过高邮的咸鸭蛋，确实是好，我走的地方不少，所食鸭蛋多矣，但和我家乡的完全不能相比！曾经沧海难为水，他乡咸鸭蛋，我实在瞧不

引用修辞： 引用了唐代诗人元稹《离思》中的诗句，凸显了家乡咸鸭蛋的美味，而他乡的咸鸭蛋是无法与之媲美的，巧妙至极。

对比修辞： 作者将高邮咸蛋和别处咸鸭蛋进行对比，让读者在比较中分清优劣，鲜明地突出了高邮咸蛋质细油多、蛋白柔嫩的优点。

设问修辞： 以自问自答的方式来吸引读者的注意，引导读者进行思考，同时又起到了承接的作用。前部分介绍端午节时孩子要挑鸭蛋，接下来则描述挑选窍门，使得文章起承转合十分流畅、自然。

上。袁枚的《随园食单·小菜单》有"腌蛋"一条。袁子才这个人我不喜欢，他的《食单》好些菜的做法是听来的，他自己并不会做菜。但是"腌蛋"这一条我看后却觉得很亲切，而且"与有荣焉"。文不长，录如下：

腌蛋以高邮为佳，颜色红而油多，高文端公最喜食之。席间先夹取以敬客，放盘中。总宜切开带壳，黄白兼用；不可存黄去白，使味不全，油亦走散。

高邮咸蛋的特点是质细而油多。蛋白柔嫩，不似别处的发干、发粉，入口如嚼石灰。油多尤为别处所不及。鸭蛋的吃法，如袁子才所说，带壳切开，是一种，那是席间待客的办法。平常食用，一般都是敲破"空头"用筷子挖着吃。筷子头一扎下去，吱——红油就冒出来了。高邮咸蛋的黄是通红的。苏北有一道名菜，叫做"朱砂豆腐"，就是用高邮鸭蛋黄炒的豆腐。我在北京吃的咸鸭蛋，蛋黄是浅黄色的，这叫什么咸鸭蛋呢！

端午节，我们那里的孩子兴挂"鸭蛋络子"。头一天，就由姑姑或姐姐用彩色丝线打好了络子。端午一早，鸭蛋煮熟了，由孩子自己去挑一个。鸭蛋有什么可挑的呢？有！一要挑淡青壳的。鸭蛋壳有白的和淡青的两种。二要挑形状好看的。别说鸭蛋都是一样的，细看却不同。有的样子蠢，有的秀气。挑好了，装在络子里，挂在大襟的纽扣上。这有什么好看呢？然而它是孩子心爱的饰物。鸭蛋络子挂了多半天，什么时候孩子一高兴，就把络子里的鸭蛋掏出来，吃了。端午的鸭蛋，新腌不久，只有一点淡淡的咸味，白嘴吃也可以。

孩子吃鸭蛋是很小心的，除了敲去空头，不把蛋壳碰破。蛋黄蛋白吃光了，用清水把鸭蛋里面洗净，晚上捉了萤火虫来①，装在蛋壳里，空头的地方糊一层薄罗。萤火虫在鸭蛋壳里一闪一闪地亮，好看极了！

小时读囊萤映雪故事，觉得东晋的车胤用练囊盛了几十只萤火虫，照了读书，还不如用鸭蛋壳来装萤火虫。不过用萤火虫照亮来读书，而且一夜读到天亮，这能行么？车胤读的是手写的卷子，字大，若是读现在的新五号字，大概是不行的。

赏析

江苏省高邮市是作者的故乡，是一座有着几千年文明史的城市。1981年10月，六十多岁的汪曾祺回乡访问，写下了这篇极富地方特色的回忆性散文。本文重点描写故乡的鸭蛋，通过介绍家乡端午的风俗引入鸭蛋这个特产，随后介绍咸鸭蛋的特点、吃法等。

本文最突出的特色是写作视角的转换，以及短句的运用。在介绍端午的习俗、高邮的咸鸭蛋时，作者使用的是成年人的视角，语气如同一位长者与读者拉着家常，如"有一个风俗不知别处有不""还

---

①我们应该保护萤火虫，不要捉萤火虫。

不就是个鸭蛋"，通俗自然地把丰富多彩的习俗及家乡特产如数家珍地一一道来；而在介绍儿童端午吃鸭蛋的时候，则转换成儿童的视角来写，对童年的回忆成了主要部分，增加了文章的趣味性。在叙述当中，作者的短句最富有特色，如"贴五毒。红纸剪成五毒，贴在门槛上""我的家乡是水乡，出鸭。高邮大麻鸭是著名的鸭种"，异常简练的文字使得文章充满了美感，干净、清新而不拖沓。在以儿童视角写咸鸭蛋时，短句用得少了，长句开始多起来，但整体上却不影响，因为在长短句的交错使用中，参差不齐反倒增强了文章的美感。

本文另一个常使用的手法是对比。例如，当地有而外地没有的风俗是对比、高邮的鸭蛋与外地的鸭蛋是对比、"我"对袁枚所写的"腌蛋"的看法与"我"对袁枚这个人的看法是对比、囊萤映雪与鸭蛋壳装萤火虫是对比，就连鸭蛋的质地、蛋壳颜色、吃法、样子都使用了对比，可以说，整篇文章其实是在不断的对比中完成的。在这些对比当中，作者对家乡的自豪与热爱之情淋漓尽致地表达了出来。

读·思·悟

作者晚年的作品往往倾注于比较小的事物上，比如这篇散文。对咸鸭蛋如此大费笔墨有意义吗？答案当然是——有。

一方面，这是作者对其倡导的"回到现实主义""回到民族风俗"的直接彰显——咸鸭蛋其实代表着一种风俗文化，特别是与"端午"的关联，更是贴近了广大民众柴米油盐的生活现实。另一方面，作者是一位有着"乡愁"情结的作家，他离家四十多年，一直在外颠沛流离，经历了社会的变革和生活的动荡，但那些童年的回忆却抹不掉。这篇赞美家乡咸鸭蛋的文章，展现出了他的以童年视角来创作的写作文风，表达了他对家乡、对儿时生活的切实怀恋。

豆汁儿

没有喝过豆汁儿，不算到过北京。

小时看京剧《豆汁记》（即《鸿鸾禧》，又名《金玉奴》，一名《棒打薄情郎》），不知"豆汁"为何物，以为即是豆腐浆。

到了北京，北京的老同学请我吃了烤鸭、烤肉、涮羊肉，问我："你敢不敢喝豆汁儿？"我是个"有毛的不吃掸子，有腿的不吃板凳，大荤不吃死人，小荤不吃苍蝇"的，喝豆汁儿，有什么不"敢"？他带我去到一家小吃店，要了两碗，警告我说："喝不了，就别喝。有很多人喝了一口就吐了。"我端起碗来，几口就喝完了。我那同学问："怎么样？"我说："再来一碗。"

豆汁儿是制造绿豆粉丝的下脚料。很便宜。过去卖生豆汁儿的，用小车推一个有盖的木桶，串背街、胡同。不用"唤头"（招徕顾客的响器），也

> **语言描写**：用老同学警告的语言，说明了豆汁儿的味道不为很多人接受的特点。

> **引用修辞**：引用并概述《豆汁记》中的内容，证明豆汁儿是一种"贫民食物"，使读者印象更深。

不吆唤。因为每天串到哪里，大都有准时候。到时候，就有女人提了一个什么容器出来买。有了豆汁儿，这天吃窝头就可以不用熬稀粥了。这是贫民食物。《豆汁记》的金玉奴的父亲金松是"杆儿上的"（叫花子的头），所以家里有吃剩的豆汁儿，可以给莫稽盛一碗。

卖熟豆汁儿的，在街边支一个摊子。一口铜锅，锅里一锅豆汁儿，用小火熬着。熬豆汁儿只能用小火，火大了，豆汁儿一翻大泡，就"澥"了。豆汁儿摊上备有辣咸菜丝——水疙瘩切细丝浇辣椒油，烧饼，焦圈——类似油条，但做成圆圈，焦脆。卖力气的，走到摊边坐下，要几套烧饼焦圈，来两碗豆汁儿，就一点辣咸菜，就是一顿饭。

> **语言描写**：通过写保定老乡和卖豆汁儿的之间的对话，既展示出了豆汁儿的大部分受众是穷苦百姓，又让读者感受到文章语言的幽默风趣。

豆汁儿摊上的咸菜是不算钱的。有保定老乡坐下，掏出两个馒头，问"豆汁儿多少钱一碗"，卖豆汁儿的告诉他。"咸菜呢？"——"咸菜不要钱。"——"那给我来一碟咸菜。"

常喝豆汁儿，会上瘾。北京的穷人喝豆汁儿，有的阔人家也爱喝。梅兰芳家有一个时候，每天下午到外面端一锅豆汁儿，全家大小，一人喝一碗。豆汁儿是什么味儿？这可真没法说。这东西是绿豆发了酵的，有股子酸味。不爱喝的说是像泔水，酸臭。爱喝的说：别的东西不能有这个味儿——酸香！这就跟臭豆腐和"启司"（干酪）一样，有人爱，有人不爱。

豆汁儿沉底，干糊糊的，是麻豆腐。羊尾巴油炒麻豆腐，加几个青豆嘴儿（刚出芽的青豆），极香。这家这天炒麻豆腐，煮饭时得多量一碗米——每人的胃口都开了。

赏析

作者笔下的食物，绝大多数是家常的菜品，或是随处可见，或是充满乡土气息，总之，绝不会有什么昂贵的、气派的食物，这一点与其他写美食的作家有着很大的不同。其中的缘由，一方面大概与作者的生活经历有关，另一方面则是他那贴近平民文化的爱好了。

本文所写的豆汁儿，便是这样一种极其便宜，味道并不那么让人接受的食物，是极富北京特色的，以至于作者断言：没有喝过豆汁儿，不算到过北京。言语之间，豆汁儿似乎成了北京的代言，从侧面烘托出豆汁儿的独特，以及豆汁儿所代表的北京饮食文化的独特。

在具体的介绍当中，作者完全是如实道来，先是说自己第一次喝豆汁儿的情形，让人意识到这豆汁儿的确很怪，并不是一般人能够接受得了的。当然，这样的介绍不够，于是作者进一步对生豆汁儿和熟豆汁儿分别进行了概括。虽然如此，读者的印象中还是脱离不了"贫民食物"这个特点，于是在文章倒数第二段，作者笔锋一转，柳暗花明，引出了梅兰芳家喜好喝豆汁儿这个逸闻，从另一个角度对豆汁儿进行了补充——豆汁儿的受众不窄，穷人富人都有，全凭个人的喜好。从这几方面来对豆汁儿进行概括、描述、烘托，在读者面前展现出一个别有趣味的豆汁儿，使人读来颇感有趣。

文学名家 作品精选

读·思·悟

　　作者喜欢写美食，大多数情况下都是赞赏有加，但这篇文章不同。作者本人说"再来一碗"，这是因为作者喜欢豆汁儿；但他认为"这就跟臭豆腐和'启司'（干酪）一样，有人爱，有人不爱"，表达的都是一种客观的态度，即不代替别人去判断，只说自己的想法，至于豆汁儿到底好不好喝，还得交由食客去评判。在你的生活当中是否有这样的食物？比如臭豆腐、榴梿等，试着借鉴作者的写法，把它们的独特之处展现出来，一定会令人耳目一新。

●写作百宝箱
●作家创作谈
●名人故事汇
●名家作品集

扫码领取

炒米和焦屑

小时读《板桥家书》,"天寒冰冻时,穷亲戚朋友到门,先泡一大碗炒米送手中,佐以酱姜一小碟,最是暖老温贫之具",觉得很亲切。郑板桥是兴化人,我的家乡是高邮,风气相似。这样的感情,是外地人们不易领会的。炒米是各地都有的。但是很多地方都做成了炒米糖。这是很便宜的食品。孩子买了,咯咯地嚼着。四川有"炒米糖开水",车站码头都有的卖,那是泡着吃的。但四川的炒米糖似也是专业的作坊做的,不像我们那里。我们那里也有炒米糖,像别处一样,切成长方形的一块一块。也有搓成圆球的,叫做"欢喜团"。那也是作坊里做的。但通常所说的炒米,是不加糖黏结的,是"散装"的;而且不是作坊里做出来,是自己家里炒的。

说是自己家里炒,其实是请了人来炒的。炒炒米也要点手艺,并不是人人都会的。入了冬,大概是过了冬至吧,有人背了一面大筛子,手执长柄的铁铲,大街小巷地走,这就是炒炒米的。有时带一个助手,多半是个半大孩子,是帮他烧火的。请到家里来,管一顿饭,给几个钱,炒一天。或二斗,或半石;像我们家人口多,一次得炒一石糯米。炒炒米都是把一年所需一次炒齐，没有零零碎碎炒的。过了这个季节，再找炒炒米的也找不着。一炒炒米，就让人觉得，快要过年了。

装炒米的坛子是固定的，这个坛子就叫"炒米坛子"，不做别的用途。舀炒米的东西也是固定的，一般人家大都是用一个香烟罐头。我的祖母用的是一个"柚子壳"。柚子，——我们那里柚子不多见，从顶上开一个洞，把里面的瓤掏出来，再塞上米糠，风干，就成了一个硬壳的钵状的东西。她用这个柚子壳用了一辈子。

我父亲有一个很怪的朋友，叫张仲陶。他很有学问，曾教我读过《项羽本纪》。他薄有田产，不治生业，整天在家研究《易经》，算卦①。他算卦用蓍草。全城只有他一个人用蓍草算卦。据说他有几卦算得极灵。有一家，丢了一只金戒指，怀疑是女用人偷了。这女用人蒙了冤枉，来求张先生算一卦。张先生算了，说戒指没有丢，在你们家炒米坛盖子上。一找，果然。我小时就不大相信，算卦怎么能算得这样准，怎么能算得出在炒米坛盖子

---

①算卦是封建迷信活动，是时代的产物，小朋友不要轻信。

上呢？不过他的这一卦说明了一件事，即我们那里炒米坛子是几乎家家都有的。

  炒米这东西实在说不上有什么好吃。家常预备，不过取其方便。用开水一泡，马上就可以吃。在没有什么东西好吃的时候，泡一碗，可代早晚茶。来了平常的客人，泡一碗，也算是点心。郑板桥说"穷亲戚朋友到门，先泡一大碗炒米送手中"，也是说其省事，比下一碗挂面还要简单。炒米是吃不饱人的。一大碗，其实没有多少东西。我们那里吃泡炒米，一般是抓上一把白糖，如板桥所说"佐以酱姜一小碟"，也有，少。我现在岁数大了，如有人请我吃泡炒米，我倒宁愿来一小碟酱生姜——最好滴几滴香油，那倒是还有点意思的。另外还有一种吃法，用猪油煎两个嫩荷包蛋——我们那里叫做"蛋瘪子"，抓一把炒米和在一起吃。这种食品是只有"惯宝宝"才能吃得到的。谁家要是老给孩子吃这种东西，街坊就会有议论的。

  我们那里还有一种可以急就的食品，叫做"焦屑"。糊锅巴磨成碎末，就是焦屑。我们那里，餐餐吃米饭，顿顿有锅巴。把饭铲出来，锅巴用小火烘焦，起出来，卷成一卷，存着。锅巴是不会坏的，不发馊，不长霉。攒够一定的数量，就用一具小石磨磨碎，放起来。焦屑也像炒米一样。用开水冲冲，就能吃了。焦屑调匀后呈糊状，有点像北方的炒面，但比炒面爽口。

  我们那里的人家预备炒米和焦屑，除了方便，原来还有一层意思，是应急。在不能正常煮饭时，可以用来充饥。这很有点像古代行军用的"糒"。有一年，记不得是哪一年，总之是我还小，还在上小学，党军（国民革命军）和联军（孙传芳的军队）在我们县境内开了仗，很多人都躲进了红十字会。不知道出于一种什么信念，大家都以为红十字会是哪一方的军队都不能打进去的，进了红十字会就安全了。红十字会设在炼阳观，这是一个道士观。我们一家带了一点行李进了炼阳观。祖母指挥着，特别关照，把一坛炒米和一坛焦屑带了去。我对这种打破常规的生活极感兴趣。晚上，爬到吕祖楼上去，看双方军队枪炮的火光在东北面不知什么地方一阵一阵地亮着，觉得有点紧张。很多人家住在一起，不能煮饭，这一晚上，我们是冲炒米、泡焦屑度过的。没有床铺，我把几个道士诵经用的蒲团拼起来，在上面睡了一夜。这实在是我小时候度过的一个浪漫主义的夜晚。

第二天，没事了，大家就都回家了。

炒米和焦屑和我家乡的贫穷和长期的动乱是有关系的。

赏析

作者对食物有着特殊的爱好，而且研究深入。

本文先讲炒米，后讲焦屑，用聊天的口吻，对童年家乡的这两种食物进行了回忆。讲炒米，为了体现其渊源，作者引用了《板桥家书》中郑板桥写给弟弟的家书，以此证明历史上早已有之。作者进而引出"炒米糖"，并与家乡的炒米进行区分，用对比的修辞手法以示不同。然而，读者读到这里并不能对炒米有全面的认识，于是作者继续聊到了做炒米的时间、工具等，甚至细致到了自己的祖母用柚子壳来舀炒米。这样的细节描述，使读者对炒米有了更深入的了解。

在说到炒米的吃法时，作者语言的淳朴、真诚完全展现出来了，第一句便是"炒米这东西实在说不上有什么好吃"，直接下了判断，让读者断了炒米美味的念头。然而，他却仍旧能继续谈下去——炒米毕竟是那个年代家常预备的，虽说不上好吃，却是生活所不能缺的，是能够应急的。炒米"不能缺""应急"的特点，则顺便带出了焦屑这个与炒米并列的重要食物。在简单介绍之后,他将二者合一,融到了一段童年的经历里:小时他们曾因战火躲进了一座道观里,带的就是这两种食物。当然,这两种食物并不是作者想要重点说明的,他想说明的是文章最末一段:"炒米和焦屑和我家乡的贫穷和长期的动乱是有关系的。"这才是这两种食物能够长期存在于家乡的根本原因。

读·思·悟

作者笔下的食物似乎都有着某种灵性,这与他的叙述方式、语言风格有着莫大的关系。

通常来说,在描写小时候家乡的食物时,作者都会以一种强烈的代入感来写作,即大范围地使用童年的视角进行描写。这种视角所特有的叙述口吻是十分有趣的,再加上他后来数十年的经验积累和总结,使得其字里行间既不乏童年的趣味,又不乏丰富的知识,两者相得益彰,令读者获益匪浅。

咸菜茨菰汤

一到下雪天，我们家就喝咸菜汤，不知是什么道理。是因为雪天买不到青菜？那也不见得。除非大雪三日，卖菜的出不了门，否则他们总还会上市卖菜的。这大概只是一种习惯。一早起来，看见飘雪花了，我就知道：今天中午是咸菜汤！

咸菜是青菜腌的。我们那里过去不种白菜，偶有卖的，叫做"黄芽菜"，是外地运去的，很名贵。一盘黄芽菜炒肉丝，是上等菜。平常吃的，都是青菜。青菜似油菜，但高大得多。入秋，腌菜，这时青菜正肥。把青菜成担地买来，洗净，晾去水汽，下缸。一层菜，一层盐，码实，即成。随吃随取，可以一直吃到第二年春天。

腌了四五天的新咸菜很好吃，不咸，细、嫩、脆、甜，难可比拟。

咸菜汤是咸菜切碎了煮成的。到了下雪的天气，咸菜已经腌得很咸了，而且已经发酸，咸菜汤的颜色是暗绿的。没有吃惯的人，是不容易引起食欲的。

咸菜汤里有时加了茨菰片，那就是咸菜茨菰汤，或者叫茨菰咸菜汤，都可以。

我小时候对茨菰实在没有好感。这东西有一种苦味。民国二十年，我们家乡闹大水，各种作物减产，只有茨菰却丰收。那一年我吃了很多茨菰，而且是不去茨菰的嘴子的，真难吃。

我十九岁离乡，辗转漂流，三四十年没有吃到茨菰，并不想。

前好几年，春节后数日，我到沈从文老师家去拜年，他留我吃饭，师母张兆和炒了一盘茨菰肉片。沈先生吃了两片茨菰，说："这个好！格比土豆高。"我承认他这话。吃菜讲究"格"的高低，这种语言正是沈老师的语言。他是对什么事物都讲"格"的，包括对于茨菰、土豆。

★ 青年汪曾祺

因为久违，我对茨菰有了感情。前几年，北京的菜市场在春节前后有卖茨菰的。我见到，必要买一点回来加肉炒了。家里人都不怎么爱吃。所有的茨菰，都由我一个人"包圆儿"了。

北方人不识茨菰。我买茨菰，总要有人问我："这是什么？"——"茨菰。"——"茨菰是什么？"这可不好回答。

北京的茨菰卖得很贵，价钱和"洞子货"（温室所产）的西红柿、野鸡脖韭菜差不多。

我很想喝一碗咸菜茨菰汤。

我想念家乡的雪。

赏析

这篇散文发表于1986年的《雨花》期刊，是《故乡的食物》中的一节。选文很短，语言也平实质朴，但其中却夹杂着丰富的情感：一碗普普通通的咸菜茨菰汤，勾起了作者的思乡之情。

　　一开始，作者先说在家乡雪天常吃的咸菜汤，接着介绍用青菜腌咸菜的制作流程及腌制特点。这一部分的语言是简练、精确的，让人以为是一篇介绍详尽的说明文。正是这种说明文式的文笔，才让这小小的咸菜的形象变得丰满起来。在"咸菜汤"里加入了"茨菰"之后，作者并不把焦点放在这汤上，而是放在茨菰上，因为茨菰承载着他更多的故事：其一是他年少时吃多了茨菰，导致对茨菰并没有什么情感，甚至直白地说"真难吃"；其二是前几年到沈从文老师家中吃到了"格比土豆高"的茨菰；其三是在北京经常买茨菰回家吃，而且总是自己"包圆儿"。这三层的递进，带动了整篇文章感情的升华，并达到一种欲扬先抑的效果——从不喜欢吃到喜欢吃的态度转变，令茨菰在读者心目中的地位也发生了转变。

　　作者漂泊在他乡，时刻惦念着家乡，甚至连普通的茨菰都逢见必买，连一碗普通的咸菜茨菰汤都深深怀念，这样的乡愁，是未曾离家的人难以体会的。

读·思·悟

　　作者一开始并不喜欢茨菰，却因为久违而对茨菰有了感情。文中所写的茨菰如同一把打开记忆闸门的钥匙，让作者的情感忽然变得脆弱起来，变得温暖起来。纵使之前作者与茨菰有过"过节"，但终究还是因"家乡"而和解了。

　　文章末尾的那两段："我很想喝一碗咸菜茨菰汤。""我想念家乡的雪。"如同一个久别家乡的孩子对着母亲任性地说话，这不正是作者对家乡直接而深刻的表白吗？在文章的开头或末尾使用这种直接抒情的方式，能够最大化地阐明文章的中心思想。

萝 卜

杨花萝卜即北京的小水萝卜。因为是杨花飞舞时上市卖的,我的家乡名之曰"杨花萝卜"。这个名称很富于季节感。我家不远的街口一家茶食店的檐下有一个岁数大的女人摆一个小摊子,卖供孩子食用的便宜的零吃。杨花萝卜下来的时候,卖萝卜。萝卜一把一把地码着。她不时用炊帚洒一点水,萝卜总是鲜红的。给她一个铜板,她就用小刀切下三四根萝卜。萝卜极脆嫩,有甜味,富水分。自离家乡后,我没有吃过这样好吃的萝卜——或者不如说自我长大后没有吃过这样好吃的萝卜——小时候吃的东西都是最好吃的。

除了生嚼,杨花萝卜也能拌萝卜丝。萝卜斜切的薄片,再切为细丝,加酱油、醋、香油略拌,撒一点青蒜,极开胃。小孩子的顺口溜唱道:

人之初,

鼻涕拖;

油炒饭,

拌萝菠。(我的家乡称萝卜为萝菠。)

油炒饭加一点葱花，在农村算是美食，佐以拌萝卜丝一碟，吃起来是很香的。

萝卜丝与细切的海蜇皮同拌，在我的家乡是上酒席的，与香干拌荠菜、盐水虾、松花蛋同为凉碟。

北京的拍水萝卜也不错，但宜少入白糖。

北京人用水萝卜切片，汆羊肉汤，味鲜而清淡。

烧小萝卜，来北京前我没有吃过（我的家乡杨花萝卜没有熟吃的），很好。有一位台湾女作家来北京，要我亲自做一顿饭请她吃。我给她做了几个菜，其中一个是烧小萝卜。她吃了赞不绝口。那当然是不难吃的：那两天正是小萝卜最好的时候，都长足了，但还很嫩，不糠；而且我是用干贝烧的。她说台湾没有这种小萝卜。

我的家乡有一种穿心红萝卜，粗如黄酒盏，长可三四寸，外皮深紫红色，里面的肉有放射形的紫红纹，紫白相间，若是横切开来，正如中药里的槟榔片（卖时都是直切），当中一线贯通，色极深，故名穿心红。卖穿心红萝卜的挑担，与山芋（红薯）同卖，山芋切厚片。都是生吃。

紫萝卜不大，大的如一个大衣扣子，为扁圆形，皮色乌紫。据说这是五倍子染的。看来不是本色，因为它掉色，吃了，嘴唇牙肉也是乌紫乌紫的。里面的肉却是嫩白的。这种萝卜非本地所产，产在泰州。每年秋末，就有泰州人来卖紫萝卜，都是女的，挎一个柳条篮子，沿街吆喝："紫萝——卜！"

我在淮安时，第一回吃到青萝卜。我曾在淮安中学借读过一个学期，一到星期日，就买了七八个青萝卜、一堆花生，几个同学，尽情吃一顿。后来我到天津吃过青萝卜，觉得淮安青萝卜比天津的好。大抵一种东西头一回吃,总是最好的。

天津吃萝卜是一种风气。五十年代初,我到天津,一个同学的父亲请我们到天华景听曲艺。座位之前有一溜长案,摆得满满的,除了茶壶茶碗,瓜子花生米碟子,还有几大盘切成薄片的青萝卜。听"玩意"吃萝卜,此风为别处所无。天津谚云:"吃了萝卜喝热茶,气得大夫满街爬。"吃萝卜喝茶,此风亦为别处所无。

心里美萝卜是北京特色。一九四八年冬天,我到了北京,街头巷尾,每每听到吆喝:"嗳——萝卜,赛梨来——辣来换……"声音高亮打远。看来在北京做小买卖的,都得有条好嗓子。卖"萝卜赛梨"的,萝卜都是一个一个挑选过的:用手指头一弹,当当的;一刀切下去,咔嚓咔嚓地响。

我在张家口沙岭子劳动,曾参加过收心里美萝卜。张家口土质于萝卜相宜,心里美皆甚大。收萝卜时是可以随便吃的。和我一起收萝卜的农业工人起出一个萝卜,看一看,不怎么样的,随手扔进了大堆。一看,这个不错,往地下一扔,叭嚓,裂成了几瓣,"行"!于是各拿一块啃起来,甜,脆,多汁,难可名状。他们说:"吃萝卜,讲究吃'棒打萝卜'。"

张家口的白萝卜也很大。我参加过张家口地区农业展览会的布置工作，送展的白萝卜都奇大。白萝卜有象牙白和露八分。露八分即八分露出土面，露出土面部分外皮淡绿色。

我的家乡无此大白萝卜，只是粗如小儿臂而已。家乡吃白萝卜只是红烧，或素烧，或与臀尖肉同烧。

江南人特重白萝卜炖汤，常与排骨或猪肉同炖。白萝卜耐久炖，久则出味。或入淡菜，味尤厚。沙汀《淘金记》写幺吵吵每天用牙巴骨炖白萝卜，吃得一家脸上都是油光光的。天天吃是不行的，隔几天吃一次，想亦不恶。

四川人用白萝卜炖牛肉，甚佳。

扬州人、广东人制萝卜丝饼，极妙。北京东华门大街曾有外地人制萝卜丝饼，生意极好。此人后来不见了。

北京人炒萝卜条，是家常下饭菜。或入酱炒，则为南方人所不喜。

白萝卜最能消食通气。我们在湖南体验生活，有位领导同志，接连五天大便不通，吃了各种药都不见效，憋得他难受得不行。后来生吃了几个大白萝卜，一下子畅通了。奇效如此，若非亲见，很难相信。

萝卜是腌制咸菜的重要原料。我们那里，几乎家家都要腌萝卜干。腌萝卜干的是红皮圆萝卜。切萝卜时全家大小一齐动手。孩子切萝卜，觉得这个一定很甜，尝一瓣，甜，就放在一边，自己吃。切一天萝卜，每个孩子肚子里都装了不少。萝卜干盐渍后须在芦席上摊晒，水汽干后，入缸，压紧，封实，一两个月后取食。我们那里说在商店学徒（学生意）要"吃三年萝卜干饭"，谓油水少也。学徒不到三年零一节,不满师,吃饭须自觉,筷子不能往荤菜盘里伸。

扬州一带酱园里卖萝卜头,乃甜面酱所腌,口感甚佳。孩子们爱吃,一半也因为它的形状很好玩,圆圆的,比一个鸽子蛋略大。此北地所无,天源、六必居都没有。

北京有小酱萝卜,佐粥甚佳。大腌萝卜咸得发苦,不好吃。

四川泡菜什么萝卜都可以泡,红萝卜、白萝卜。

湖南桑植卖泡萝卜。走几步,就有个卖泡萝卜的摊子。萝卜切成大片,泡在广口玻璃瓶里,给毛把钱即可得一片,边走边吃。峨嵋山道边也有卖泡萝卜的,一面涂了一层稀酱。

萝卜原产中国,所以中国的为最好。有春萝卜、夏萝卜、秋萝卜、四季萝卜,一年到头都有。可生食、煮食、腌制。萝卜所惠于中国人者亦大矣。美国有小红萝卜,大如元宵,皮色鲜红可爱,吃起来则淡而无味。爱伦堡小说写几个艺术家吃奶油蘸萝卜,喝伏特加,不知是不是这种红萝卜。我在爱荷华①韩国人开的菜铺的仓库里看到一堆心里美,大喜,买回来一吃,味道满不对,形似而已。日本人爱吃萝卜,好像是煮熟蘸酱吃的。

赏析

萝卜在全国各地都有种植,是一种极普通的蔬菜。然而,作者却能将这么平常的事物写得绘声绘色,充满韵味。

文章的整体语言相当质朴,并没有过于讲求语言的优美、语句的精练等,让人感到是兴之所至,随手拈来。但从字里行间,还是能

---

①爱荷华,指美国的一所学校。

够看出文章的脉络：先介绍杨花萝卜，之后是穿心红萝卜、紫萝卜、青萝卜、心里美萝卜和白萝卜等；再往后是全国各地不同特色的用萝卜腌制的咸菜；最后是中外萝卜的对比。在逐个的介绍当中，又讲了许多小故事，比如家不远的街口有摆摊卖杨花萝卜的，给台湾女作家做烧小萝卜，在天津听曲艺吃萝卜，在张家口收萝卜……写这些有趣的往事其实并没有什么特别的目的，只是由萝卜而产生的联想，但正是在这思绪乱飞中，常人所熟视无睹的萝卜，一个个竟然面貌清晰起来，令读者对萝卜的感受顿时丰满了：原来萝卜还有这么多有趣的地方！作者娓娓道来，在不经意当中便将萝卜的种类、大小、颜色、吃法等表现了出来。如果把本文比作一棵大树，那么文中的一个个故事便相当于树上的一条条树枝，而故事中所蕴含的知识，便相当于树枝上的叶子。丰富的树枝、树叶，就组成了这棵茂盛的大树。

读·思·悟

在文章末尾，作者说："萝卜原产中国，所以中国的为最好。"除此之外，作者并没有什么赞美的话。从整体来看，文章对我国各地的萝卜进行了详细叙述，而对异域的萝卜则只是简要描述，其目的，自然是衬托我国萝卜的美味。

我们在日常写作中，也可以学习运用这种衬托的手法，使主体更为突出和鲜明。

栗　子

栗子的形状很奇怪，像一个小刺猬。栗有"斗"，斗外长了长长的硬刺，很扎手。栗子在斗里围着长了一圈，一颗一颗紧挨着，很团结。当中有一颗是扁的，叫做脐栗。脐栗的味道和其他栗子没有什么两样。坚果的外面大都有保护层，松子有鳞瓣，核桃、白果都有苦涩的外皮，这大概都是为了对付松鼠而长出来的。

新摘的生栗子很好吃，脆嫩，只是栗壳很不好剥，里面的内皮尤其不好去。

把栗子放在竹篮里，挂在通风的地方吹几天，就成了"风栗子"。风栗子肉微有皱纹，微软，吃起来更为细腻有韧性，不像吃生栗子会弄得满嘴都是碎粒，而且更甜。贾宝玉为一件事生了气，袭人给他打岔，说："我想吃风栗子了。你给我取去。"怡红院的檐下是挂了一篮风栗子的。风栗子入《红楼梦》，身价就高起来，雅了。这栗子是什么来头，是贾蓉送来的？刘姥姥送来的？还是宝玉自己在外面买的？不知道，书中并未交代。

栗子熟食的较多。我的家乡原来没有炒栗子，只是放在火里烤。

冬天，生一个铜火盆，丢几个栗子在通红的炭火里，一会，砰的一声，蹦出一个裂了壳的熟栗子，抓起来，在手里来回倒，连连吹气使冷，剥壳入口，香甜无比，是雪天的乐事。不过烤栗子要小心，弄不好会炸伤眼睛。烤栗子外国也有，西方有"火中取栗"的寓言，这栗子大概是烤的。

北京的糖炒栗子，过去讲究栗子是要良乡出产的。良乡栗子比较小，壳薄，炒熟后个个裂开，轻轻一捏，壳就破了，内皮一搓就掉，不"护皮"。据说良乡栗子原是进贡的，是西太后吃的（北方许多好吃的东西都说是给西太后进过贡）。

北京的糖炒栗子其实是不放糖的，昆明的糖炒栗子真的放糖。昆明栗子大，炒栗子的大锅都支在店铺门外，用大如玉米豆的粗砂炒，不时往锅里倒一碗糖水。昆明炒栗子的外壳是黏的，吃完了手上都是糖汁，必须洗手。栗肉为糖汁沁透，很甜。

炒栗子宋朝就有。笔记里提到的"煼栗"，我想就是炒栗子。汴京有个叫李和儿的，煼栗有名。南宋时有一使臣（偶忘其名姓）出使，有人遮道献煼栗一囊，即汴京李和儿也。一囊煼栗，寄托了故国之思，也很感人。

日本人爱吃栗子，但

原来日本没有中国的炒栗子。有一年我在广交会的座谈会上认识一个日本商人，他是来买栗子的（每年都来买）。他在天津曾开过一家炒栗子的店，回国后还卖炒栗子，而且把他在天津开的炒栗子店铺的招牌也带到日本去，一直在东京的炒栗子店里挂着。他现在发了财，很感谢中国的炒栗子。

北京的小酒铺过去卖煮栗子。栗子用刀切破小口，加水，入花椒大料煮透，是极好的下酒物。现在不见有卖的了。

栗子可以做菜。栗子鸡是名菜，也很好做，鸡切块，栗子去皮壳，加葱、姜、酱油，加水淹没鸡块，鸡块熟后，下绵白糖，小火焖二十分钟即得。鸡须是当年小公鸡，栗须完整不碎。罗汉斋亦可加栗子。

我父亲曾用白糖煨栗子，加桂花，甚美。

北京东安市场原来有一家卖西式蛋糕、冰点心的铺子卖奶油栗子粉。栗子粉上浇稀奶油，吃起来很过瘾。当然，价钱是很贵的。这家铺子现在没有了。

羊羹的主料是栗子面。"羊羹"是日本话，其实只是潮湿的栗子面压成长方形的糕，与羊毫无关系。

河北的山区缺粮食，山里多栗树，乡民以栗子代粮。栗子当零食吃是很好吃的，但当粮食吃恐怕胃里不大好受。

赏析

作者写食物，妙在一个"博"上，旁征博引，让人深以为然。他写这篇《栗子》的时候，已经七十多岁：论人生经验，可谓是丰富至极；论文笔，仍旧是简洁出色，没有什么多余的记述，但仍旧使栗子

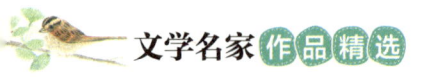

的形象十分丰满。

文章开头先介绍栗子的基础知识，让读者有一个具体深入的认识，其中的许多知识是普通人不知道或未注意到的，如"脐栗""新摘的生栗子很好吃，脆嫩，只是栗壳很不好剥，里面的内皮尤其不好去"等，随后便调侃起《红楼梦》里的"风栗子"来了，说"风栗子入《红楼梦》，身价就高起来，雅了"，令人觉得十分有趣。在描述栗子的吃法的时候，作者进行了详细描写，他从烤栗子、炒栗子、煮栗子等几个方面展示了栗子的多样吃法，其中又重点介绍了炒栗子：北京糖炒栗子和昆明糖炒栗子，古代炒栗子和日本炒栗子。介绍过程中融合了古今中外、天南地北的炒栗子故事，令人读来获益匪浅。

在最后，作者零散地介绍了栗子可做菜、父亲曾用白糖煨栗子、北京铺子卖的栗子粉、主料为栗子面的羊羹、河北山区的栗子等，一笔带过，通过这样的描述，读者对栗子的认识更为丰富，对栗子的了解更为深刻了。这样，经过适当的详略设计，文中的栗子不仅有了"骨架"，而且有了"血肉""毛发"，其模样变得明朗、丰满起来了。

读·思·悟

作者介绍栗子时，信息量可谓不小，典故、历史、说明步骤非常多，然而从整体来看，其文却不让人觉得乱，而且有简洁之感，显得井然有序。这得益于作者对结构的合理安排：整体介绍时由简入繁，面面俱到；针对性描写时由繁入简，详略得当。

在介绍一件事物时，我们务必要有一个整体的思路：哪些地方需要重点描写？哪些地方只需一带而过？这样，一篇文章的轮廓就清晰了。

昆明菜

我这篇东西是写给外地人看的，不是写给昆明人看的。和昆明人谈昆明菜，岂不成了笑话！其实不如说是写给我自己看的。我离开昆明整四十年了，对昆明菜一直不能忘。

昆明菜是有特点的。昆明菜——云南菜不属于中国的八大菜系。很多人以为昆明菜接近四川菜，其实并不一样。四川菜的特点是麻、辣。多数四川菜都要放郫县豆瓣、泡辣椒，而且放大量的花椒——必得是川椒。中国很多省的人都爱吃辣，如湖南、江西，但像四川人那样爱吃花椒的地方不多。重庆有很多小面馆，门面的白墙上多用黑漆涂写三个大字"麻、辣、烫"，老远的就看得见。昆明菜不像四川菜那样既辣且麻。大抵四川菜多浓厚强烈，而昆明菜则比较清淡纯和。四川菜调料复杂，昆明菜重本味。比较一下怪味鸡和汽锅鸡，便知二者区别所在。

汽锅鸡

中国人很会吃鸡。广东的盐焗鸡，四川的怪味鸡，常熟的叫花鸡，山东的炸八块，湖南的东安鸡，德州的扒鸡……如果全国各种做法的鸡来一次大奖赛，哪一种鸡该拿金牌？我以为应该是昆明的汽锅鸡。

是什么人想出了这种非常独特的吃法？估计起来，先得有汽锅，然后才有汽锅鸡。汽锅以建水所制者最佳。现在全国出陶器的地方都能造汽锅，如江苏的宜兴。但我觉得用别处出的汽锅蒸出来的鸡，都不如用建水汽锅做出的有味。这也许是我的偏见。汽锅既出在建水，那么，昆明的汽锅鸡也可能是从建水传来的吧？

原来在正义路近金碧路的路西有一家专卖汽锅鸡。这家不知有没有店号，进门处挂了一块匾，上书四个大字——"培养正气"。因此大家就径称这家饭馆为"培养正气"。过去昆明人一说"今天我们培养一下正气"，听话的人就明白是去吃汽锅鸡。"培养正气"的鸡特别鲜嫩，而且屡试不爽。没有哪一次去吃了，会说"今天的鸡差点事"！所以能永远保持质量，据说他家用的鸡都是武定肥鸡。鸡瘦则肉柴，肥则无味。独武定鸡极肥而有味。揭盖之后：汤清如水，而鸡香扑鼻。

听说"培养正气"已经没有了。昆明饭馆里卖的汽锅鸡已经不是当年的味道，因为用的不是武定鸡，什么鸡都有。

恢复"培养正气"，重新选用武定鸡，该不是难事吧？

昆明的白斩鸡也极好。玉溪街卖馄饨的摊子的铜锅上搁一个细铁条箅子，上面都放两三只肥白的熟鸡。随要，即可切一小盘。昆明人管白斩鸡叫"凉鸡"。我们常常去吃，喝一点酒，因为是坐在一张长板凳上吃的，有一个同学为这种做法起了一个名目，叫"坐失（食）良（凉）机（鸡）"。玉溪街卖的鸡据说是玉溪鸡。

华山南路与武成路交界处从前有一家馆子叫"映时春",做油淋鸡极佳。大块鸡生炸,十二寸的大盘,高高地堆了一盘。蘸花椒盐吃。二十几岁的小伙子,七八个人,人得三五块,顷刻瓷盘见底矣。如此吃鸡,平生一快。

昆明旧有卖爆鸡杂的,挎腰圆食盒,串街唤卖。鸡肫鸡肝皆用篾条穿成一串,如北京的糖葫芦。鸡肠子盘紧如素鸡,买时旋切片。耐嚼,极有味,而价甚廉,为佐茶下酒妙品。估计昆明这样的小吃已经没有了。曾与老昆明谈起,全似孟元老《东京梦华录》中所记了也。

火　腿

云南宣威火腿与浙江金华火腿齐名,难分高下。金华火腿知道的人多,有许多品级。比较著名的是"雪舫蒋腿"。更高级的,以竹叶熏成的,谓之"竹叶腿"。宣威火腿似没有这么多讲究,只是笼统地叫做火腿。火腿出在宣威,据说宣威家家腌制,而集中销售地则在昆明。正义路牌坊东侧原来有一家火腿庄,除了卖整只、零切的火腿,还卖火腿骨、火腿油。上海卖金华火腿的南货店有时卖"火腿脚爪",单卖火腿油,却没有听说过。火腿骨熬汤,火腿油炖豆腐,想来一定很好吃。

火腿作为提味的配料时多,单吃,似只有一种吃法,蒸熟了切片。从前有蜜炙火腿,不知好吃否。金华火腿按部位分油头、上腰、中腰,——再以下便是脚爪。昆明人吃火腿特重小腿至肘棒的那一部分,谓之"金钱片腿",因为切开做圆形,当中是精肉,周围是肥肉,带着一圈薄皮。大西门外有一家本地饭馆,不大,很不整洁,但是菜品不少,金钱片腿是必备的。因为赶马的马锅头最爱吃这道菜——这家饭馆的主要顾客是马锅头。马锅头兄弟一进门，别的菜还没有要，先叫："切一盘金钱片腿！"

一道昆明菜，不是以火腿为主料，但离开火腿却不成的，是"锅贴乌鱼"。这是东月楼的名菜。乃以乌鱼两片（乌鱼必活杀，鱼片须旋批），中夹兼肥带瘦的火腿一片，在平底铛上，以文火烙成，不加任何别的作料。鲜嫩香美，不可名状。

东月楼在护国路，是一家地道的昆明老馆子。除锅贴乌鱼外，尚有酱鸡腿，也极好。听说东月楼现在也没有了。

昆明吉庆祥的火腿月饼甚佳。今年中秋，北京运到一批，买来一尝，滋味犹似当年。

（文章有删减）

赏析

这十几段文字选自《昆明菜》，发表于1987年的杂志《滇池》。《昆明菜》原文不仅有本文所选的汽锅鸡、火腿，还有牛肉、蒸菜等十种菜品，各有特色，风味独特。

文章开头先表明受众，即写给谁看的——"不是写给昆明人看的""不如说是写给我自己看的"，明确了这点之后，作者才开始讲昆明菜（云南菜）的特点。此时作者运用了一个技巧，那就是对比，即对比着四川菜来写，先讲四川菜的特点，再加以区分，从而体现出了昆明菜清淡纯和、重本味的特点，通过这样的对比，读者便很容易体会到昆明菜的特点了。随后，作者继续使用对比手法，拿四川的怪味鸡和昆明的汽锅鸡来对比，引出了汽锅鸡这道美食。在不断的对比当中，读者对昆明菜的了解不断加深、不断深入。

当然，介绍汽锅鸡并不是说只能写汽锅鸡，文中的趣味甚多，完全不生硬。如"培养正气""坐失（食）良（凉）机（鸡）"等，都让读者觉得妙不可言，情理、趣味都占尽了。在介绍火腿时也很特别：宣威火腿有什么特点？"金钱片腿"是什么意思？火腿还能做什么？这些也是极有趣味性的，让读者兴趣盎然。有趣的故事以及丰富的知识，都是这篇文章成功的重要因素。

读·思·悟

本文的知识性和趣味性均很强，但其实深入进去并不觉得有什么奇招妙法，都是些普通的、琐碎的小事，可为什么读起来会觉得有趣呢？一方面，作者的见识很广，能够将一些富有趣味的小事信手拈来；另一方面，他能够进行横向对比——拿昆明菜与其他地方的菜进行对比，这样，在互相对比当中，就能够抓住美食的主要特征，写到点子上，使人恍然大悟，也易于接受。

- 写作百宝箱
- 作家创作谈
- 名人故事汇
- 名家作品集

扫码领取

五 味

山西人真能吃醋！几个山西人在北京下饭馆，坐定之后，还没有点菜，先把醋瓶子拿过来，每人喝了三调羹醋。邻座的客人直瞪眼。有一年我到太原去，快过春节了。别处过春节，都供应一点好酒，太原的油盐店却都贴出一个条子："供应老陈醋，每户一斤。"这在山西人是大事。

山西人还爱吃酸菜，雁北尤甚。什么都拿来酸，除了萝卜白菜，还包括杨树叶子、榆树钱儿。有人来给姑娘说亲，当妈的先问，那家有几口酸菜缸。酸菜缸多，说明家底子厚。

辽宁人爱吃酸菜白肉火锅。

北京人吃羊肉酸菜汤下杂面。

福建人、广西人爱吃酸笋。我和贾平凹在南宁，不爱吃招待所的饭，到外面瞎吃。平凹一进门，就叫："老友面！""老友面"者，酸笋肉丝氽汤下面也，不知道为什么叫做"老友"。

延庆山里夏天爱吃酸饭。把好好的饭捂酸了，用井拔凉水一和，呼呼地就下去了三碗。

都说苏州菜甜，其实苏州菜只是淡，真正甜的是无锡。无锡炒鳝糊放那么多糖！包子的肉馅里也放很多糖，没法吃！

四川夹沙肉用大片肥猪肉夹了洗沙蒸，广西芋头扣肉用大片肥猪肉夹芋泥蒸，都极甜，很好吃，但我最多只能吃两片。

广东人爱吃甜食。昆明金碧路有一家广东人开的甜品店，卖芝麻糊、绿豆沙，广东同学趋之若鹜。"番薯糖水"即用白薯切块熬的汤，这有什么好喝的呢？广东同学曰："好！"

北方人不是不爱吃甜，只是过去糖难得。我家曾有老保姆，正定乡下人，六十多岁了。她还有个婆婆，八十几了。她有一次要回乡探亲，临行称了两斤白糖，说她的婆婆就爱喝个白糖水。

北京人很保守，过去不知苦瓜为何物，近年有人学会吃了。菜农也有种的了。农贸市场上有很好的苦瓜卖，属于"细菜"，价颇昂。

北京人过去不吃蕹菜，不吃木耳菜，近年也有人爱吃了。

北京人在口味上开放了！

北方人初春吃苣荬菜。苣荬菜分甜荬、苦荬，苦荬相当苦。

有一个贵州的年轻女演员上我们剧团学戏，她的妈妈不远迢迢给她寄来一包东西，是"择耳根"，或名"则尔根"，即鱼腥草。她让我尝了几根。这是什么东西？苦，倒不要紧，它有一股强烈的生鱼腥味，实在招架不了！

剧团有一干部，是写字幕的，有时也管杂务。此人是个吃辣的专家。他每天中午饭不吃菜，吃辣椒下饭。全国各地的，各种辣椒，他都千方百计地弄来吃，剧团到上海演出，他帮助搞伙食，这下好，不会缺辣椒吃。原以为上海辣椒不好买，他下车第二天就找到一家专卖各种辣椒的铺子。上海人有一些是能吃辣的。

我的吃辣是在昆明练出来的，曾跟几个贵州同学在一起用青辣椒在火上烧烧，蘸盐水下酒。平生所吃辣椒亦多矣，什么朝天椒、野山椒，都不在话下。我吃过最辣的辣椒是在越南。一九四七年，由越南转道往上海，在海防街头吃牛肉粉，牛肉极嫩，汤极鲜，辣椒极辣，一碗汤粉，放三四丝辣椒就辣得不行。这种辣椒的颜色是橘黄色的。在川北，听说有一种辣椒本身不能吃，用一根线吊在灶上，汤做得了，把辣椒在汤里涮涮，就辣得不得了。云南佤族有一种辣椒，叫"涮涮辣"，与川北吊在灶上的辣椒大概不相上下。

四川不能说是最能吃辣的省份，川菜的特点是辣且麻——搁很多花椒。四川的小面馆的墙壁上黑漆大书三个字：麻辣烫。麻婆豆腐、干煸牛肉丝、棒棒鸡，不放花椒不行。花椒得是川椒，捣碎，菜做好了，最后再放。

浙东人吃得很咸。有个同学，是台州人，到铺子里吃包子，掰开包子就往里倒酱油。口味的咸淡和地域是有关系的。北京人说南甜北咸东辣西酸，大体不错。河北、东北人口重，福建菜多很淡。但这与个人的性格习惯也有关。湖北菜并不咸，但闻一多先生却嫌云南蒙自的菜太淡。

中国人过去对吃盐很讲究，如桃花盐、水晶盐，"吴盐胜雪"，现在则全国都吃再制精盐。只有四川人腌咸菜还坚持用自贡产的井盐。

我不知道世界上还有什么国家的人爱吃臭。

过去上海、南京、汉口都卖油炸臭豆腐干。我们一个同志到南京出差，他的爱人是南京人，嘱咐他带一点臭豆腐干回来。他千方百计，居然办到了。带到火车上，引起一车厢的人强烈抗议。

除豆腐干外，面筋、百叶（千张）皆可臭。蔬菜里的莴苣、冬瓜、豇豆皆可臭。冬笋的老根咬不动，切下来随手就扔进臭坛子里——我们那里很多人家都有个臭坛子，一坛子"臭卤"。腌芥菜挤下的汁放几天即成"臭卤"。臭物中最特殊的是臭苋菜秆。苋菜长老了，主茎可粗如拇指，高三四尺，截成二寸许小段，入臭坛。臭熟后，外皮是硬的，里面的芯呈果冻状。噙住一头，一吸，芯肉即入口中。这是佐粥的无上妙品。我们那里叫做"苋菜秸子"，湖南人谓之"苋菜咕"，因为吸起来"咕"的一声。

北京人说的臭豆腐指臭豆腐乳。过去是小贩沿街叫卖的："臭豆腐，酱豆腐，王致和的臭豆腐。"臭豆腐就贴饼子，熬一锅虾米皮白菜汤，好饭！现在王致和的臭豆腐用很大的玻璃方瓶装，很不方便，一瓶一百块，得很长时间才能吃完，而且卖得很贵，成了奢侈品。我很希望这种包装能改进，一器装五块足矣。

我在美国吃过最臭的"启司"，洋人多闻之掩鼻，对我说起来实在没有什么，比臭豆腐差远了。

甚矣，中国人口味之杂也，敢说堪为世界之冠。

（文章有删减）

赏析

这篇有趣的文章，写的并不是某种特定的食物，而是一种饮食的习惯，或者说是不同区域的人对味道的不同偏好。

基于这种认识，我们便知道本文一定逃不过五味——酸、甜、苦、辣、咸了。然而这样的文章，看起来平常，写起来却很容易流于俗套。不过本文不同，文章开头直入主题，如同一把匕首，使人一

文学名家 作品精选

眼就看出尖锐来："山西人真能吃醋！"最为直白的一句话，立即便将山西人贴上了"酸"的标签。同样被贴标签的地方，后面当然还有许多，如广东人爱吃甜，南京人爱吃臭……大都让人有"的确如此""竟然如此"的感受。

在叙述过程中，作者使用日常用语，这种语言朴素而又直白，如"酸菜缸多，说明家底子厚"等。当然，文中还夹杂了一些半文半白的词汇，比如"尤甚""皆可臭""甚矣"等，这些词汇在适当的情况下出现，令文章语言显得更为凝练、精准。

读完本文，我们能够产生一种别有滋味、妙趣横生之感。全文如同在按图索骥：五个味道便是道路，各个菜系、各地区人的饮食爱好都是路边的风景，在不断"行进"当中，中国各个地区的人的口味便展现了出来。所以文章末尾才得出"中国人口味之杂也，敢说堪为世界之冠"这个结论，有理有据。

读·思·悟

《五味》这篇文章的叙述对象不是某种单一的食物，其主要内容讲的是全国各地的人对饮食味道的不同喜好，其中有众多零零碎碎的故事。那么，作者是如何做到让这些看似松散的内容达到和谐而统一的呢？

其中有一个十分重要的技巧，那就是"一线穿珠"，几种味道是"线"，与这几种味道相关的故事、知识是"珠"，只要在叙述中把握好详略，就能够将这些内容统一到一个整体当中。本文的这种写作手法十分值得我们学习、借鉴。

第二章 旅行杂记

胡同文化

比喻修辞：将北京城比作"一块大豆腐"，形象地写出了北京城方正的特点。

列举：通过大量列举，展现出北京胡同取名来源丰富，也从另一角度反映了北京胡同多、杂的特点，令读者大开眼界。

北京城像一块大豆腐，四方四正。城里有大街，有胡同，大街、胡同都是正南正北，正东正西。北京人的方位意识极强。过去拉洋车的，逢转弯处都高叫一声"东去！""西去！"，以防碰着行人。老两口睡觉，老太太嫌老头子挤着她了，说"你往南边去一点"。这是外地少有的。街道如是斜的，就特别标明是斜街，如烟袋斜街、杨梅竹斜街。大街、胡同，把北京切成一个又一个方块。这种方正不但影响了北京人的生活，也影响了北京人的思想。

胡同原是蒙古语，据说原意是水井，未知确否。胡同的取名，有各种来源。有的是计数的，如东单三条、东四十条。有的原是皇家储存物件的地方，如皮库胡同、惜薪司胡同（存放柴炭的地方）。有的是这条胡同里曾住过一个有名的人物，如无量大人胡同、石老娘（老娘是接生婆）胡同。大雅宝胡同原名大哑巴胡同，大概胡同里曾住过一个哑巴。王皮胡同是因为有一个姓王的皮匠。王广福胡同原名王寡妇胡同。有的是某种行业集中的地方。手帕胡同大概是卖手帕的。羊肉胡同当初想必是卖羊肉的。有的胡同是像其形状的。高义伯胡同原名狗尾巴胡同。小羊宜宾胡同原名羊尾巴胡同。大概是因为这两条胡同的样子有点像羊尾巴、狗尾巴。有些胡同则不知道何所取义，如大绿纱帽胡同。

胡同有的很宽阔，如东总布胡同、铁狮子胡同。这些胡同两边大都是"宅门"，到现在房屋都还挺整齐。有些胡同很小，如耳朵眼胡同。北京到底有多少胡同？北京人说：有名的胡同三千六，没名的胡同数不清。通常提起"胡同"，多指的是小胡同。

胡同是贯通大街的网络。它距离闹市很近，打个酱油，约二斤鸡蛋什么的，很方便，但又似很远。这里没有车水马龙，总是安安静静的。偶尔有剃头挑子的"唤头"（像一个大镊子，用铁棒从当中擦过，便发出嗡的一声）、磨剪子磨刀的"惊闺"（十几个铁片穿成一串，摇动作声）、算命的盲人（现在早没有了）吹的短笛的声音。这些声音不但不显得喧闹，倒显得胡同里更加安静了。

胡同和四合院是一体。胡同两边是若干四合院连接起来的。胡同、四合院，是北京市民的居住方

衬托手法： 以偶尔出现的剃头挑子的"唤头"、磨剪子磨刀的"惊闺"、算命盲人的短笛声，衬托出胡同内的安静环境，动静结合地表现了当时胡同的生活气息。

式，也是北京市民的文化形态。我们通常说北京的市民文化，就是指的胡同文化。胡同文化是北京文化的重要组成部分，即便不是最主要的部分。

胡同文化是一种封闭的文化。住在胡同里的居民大都安土重迁，不大愿意搬家。有在一个胡同里一住住几十年的，甚至有住了几辈子的。胡同里的房屋大都很旧了。"地根儿"房子就不太好，旧房檩、断砖墙。下雨天常是外面大下，屋里小下。一到下大雨，总可以听到房塌的声音，那是胡同里的房子，但是他们舍不得"挪窝儿"，"破家值万贯"。

> **引用修辞：**引用俗语，说明了家对胡同里的居民的重要性。

四合院是一个盒子。北京人理想的住家是"独门独院"。北京人也很讲究"处街坊"。"远亲不如近邻。""街坊里道"的，谁家有点事，婚丧嫁娶，都"随"一点"份子"，道个喜或道个恼，不这样就不合"礼数"。但是平常日子，过往不多，除了有的街坊是棋友，"杀"一盘；有的是酒友，到"大酒缸"（过去山西人开的酒铺，都没有桌子，在酒缸上放一块规成圆形的厚板以代酒桌）喝两"个"（大酒缸二两一杯，叫做"一个"）；或是鸟友，不约而同，各晃着鸟笼，到天坛城根、玉渊潭去"会鸟"（会鸟是把鸟笼挂在一处，既可让鸟互相学叫，也互相比赛）。此外，"各人自扫门前雪，休管他人瓦上霜"。

北京人易于满足，他们对生活的物质要求不

高。有窝头，就知足了。大腌萝卜，就不错。小酱萝卜，那还有什么说的。臭豆腐滴几滴香油，可以待姑奶奶。虾米皮熬白菜，嘿！我认识一个在国子监当过差，伺候过陆润庠、王垿等祭酒的老人，他说："哪儿也比不了北京。北京的熬白菜也比别处好吃，——五味神在北京。"五味神是什么神？我至今考察不出来。但是北京人的大白菜文化却是可以理解的。北京人每个人一辈子吃的大白菜摞起来大概有北海白塔那么高。

北京人爱瞧热闹，但是不爱管闲事。他们总是置身事外，冷眼旁观。北京是民主运动的策源地，"民国"以来，常有学生运动，北京人管学生运动叫做"闹学生"。学生示威游行，叫做"过学生"。与他们无关。

北京胡同文化的精义是"忍"。安分守己，逆来顺受。老舍《茶馆》里的王利发说"我当了一辈子的顺民"，是大部分北京市民的心态。

我们楼里有个小伙子，为一点事，打了开电梯的小姑娘一个嘴巴。我们都很生气，怎么可以打一个女孩子呢！我跟两个上了岁数的老北京（他们是"搬迁户"，原来是住在胡同里的）说，大家应该主持正义，让小伙子当众向小姑娘认错，这二位同声说："叫他认错？门儿也没有！忍着吧！——'穷忍着，富耐着，睡不着眯着'！""睡不着眯

引用修辞：引用《茶馆》里的说辞"顺民"，从另一个角度展现出大部分北京市民心态中的"逆来顺受"的个性特点，说服力得到增强。

文学名家 作品精选

转换人称： 在叙述过程中忽然转换成第二人称，把北京人作为诉说对象，十分直白地写出了他们"忍耐"的心态，形象直观，令人印象深刻。

着"这话实在太精彩了！睡不着，别烦躁，别起急，眯着！北京人，真有你的！

北京的胡同在衰败，没落。除了少数"宅门"还在那里挺着，大部分民居的房屋都已经很残破，有的地基柱甚至已经下沉，只有多半截还露在地面上。有些四合院门外还保存已失原形的拴马桩、上马石，记录着失去的荣华。有打不上水来的井眼、磨圆了棱角的石头棋盘，供人凭吊。西风残照，衰草离披，满目荒凉，毫无生气。

看看这些胡同的照片，不禁使人产生怀旧情绪，甚至有些伤感。但是这是无可奈何的事，在商品经济大潮的席卷之下，胡同和胡同文化总有一天会消失的。也许像西安的虾蟆陵、南京的乌衣巷，还会保留一两个名目，使人怅望低徊。

再见吧，胡同。

（文章有删减）

赏析

这篇文章是汪曾祺为一部摄影艺术集《胡同之没》所作的序言。

文章的主体并不是胡同，而是北京胡同所代表的一种文化，汪曾祺称之为"胡同文化"；加上是为《胡同之没》作序，其焦点，便在这个"没"上；"没"，是没落的意思。文章结尾处，作者说"再见吧，胡同"，其实是在告诉我们，这种代表了北京市民几百年的文化，终究会没落、消失。当然，它可以"像西安的虾蟆陵、南京的乌衣巷，还会保留一两个名目，使人怅望低徊"，令人无限伤感。

文章从北京的城市结构出发，指出北京城道路交通四方四正，隐喻了北京人的一些潜在个性。如北京人个性当中有着根深蒂固的"封闭"特征——易于满足、不管闲事、逆来顺受、安分守己等。另外，作者对北京有着很深的感情，在指出胡同文化中的缺点之后，又指出了这种文化当中的可贵之处，如享受生活、淡泊平静等，有褒有贬。

在描述过程中，汪曾祺有意地使用与描述情境相应的词语和句子，比如写"北京城像一块大豆腐，四方四正……"，语言简练，不拖泥带水；比如写没落的北京胡同"有打不上水来的井眼、磨圆了棱角的石头棋盘……满目荒凉，毫无生气"，大有一种衰败而无可挽回之感，合情合理。而且，在行文中，他能够将文言与现代口语完美、优雅地结合起来，带着个人独特的感受，表现力非同一般。

读·思·悟

这篇文章并不是汪曾祺为胡同文化写的挽歌，而是一次真实的记录、体验。他认为每一种事物都有它的使命，繁华或没落都是符合现实的，人们应当顺应时代，不要总停留在过去的世界里无法走出。

正是带着这样一种批判的视角，作者才能够真正从传统文化的窠臼里跳出来。他是一个热爱生活的人，而生活中的大部分事物往往来自传统文化；同时他又是一个能够接受新思想的人，因此他并不排斥陈旧的事物被时代淘汰。所以，作者最终能够忠实地、平静地把关于胡同文化的一切都不加感情地记录下来。在写作时，作者能够尽量避免主观的情感，客观地看待人和事，把所见、所闻写出来，然后在文章的某个地方"画龙点睛"，这样的文章必然能够独树一帜。

天山行色

天　山

　　天山大气磅礴，大刀阔斧。

　　一个国画家到新疆来画天山，可以说是毫无办法。所有一切皴法，大小斧劈、披麻、解索、牛毛、豆瓣，统统用不上。天山风化层很厚，石骨深藏在砂砾泥土之中，表面平平浑浑，不见棱角。一个大山头，只有阴阳明暗几个面，没有任何琐碎的笔触。

　　天山无奇峰，无陡壁悬崖，无流泉瀑布，无亭台楼阁，而且没有一棵树——树都在"山里"。画国画者以树为山之目，天山无树，就是一大片一大片紫褐色的光秃秃的裸露的干山，国画家没了辙了！

　　自乌鲁木齐至伊犁，无处不见天山。天山绵延不绝，无尽无休，其长不知几千里也。

对比修辞： 以国画中山的特征和天山进行对比，通过四个"无"字短句，突出天山的大气磅礴、大刀阔斧。

天山是雄伟的。

早发乌苏望天山

苍苍浮紫气,

天山真雄伟。

陵谷分阴阳,

不假皴擦美。

初阳照积雪,

色如胭脂水。

往霍尔果斯途中望天山

天山在天上,

没在白云间。

色与云相似,

微露数峰巅。

只从蓝襞褶,

遥知这是山。

伊犁河

人间无水不朝东,伊犁河水向西流。

河水颜色灰白,流势不甚急,不紧不慢,汤汤洄洄,似若有所依恋。河下游,流入苏联境①。

在河边小做盘桓。使我惊喜的是河边长满我所熟悉的水乡的植物:芦苇、蒲草。蒲草甚高,高过

---

① 伊犁河流入哈萨克斯坦境内。哈萨克斯坦曾为苏联加盟共和国。

> **对比修辞**:开篇用对比写出伊犁河的特点,"无水不朝东"是顺势,而伊犁河却"向西"而去,突出伊犁河走势的与众不同,饱含作者对伊犁河的独特情感。

人头。洪亮吉《天山客话》记云："惠远城关帝庙后，颇有池台之胜，池中积蒲盈顷，游鱼百尾，蛙声间之。"伊犁河岸之生长蒲草，是古已有之的事了。蒲苇旁边，摇动着一串一串殷红的水蓼花，俨然江南秋色。

蹲在伊犁河边捡小石子，起身时发觉腿上脚上有几个地方奇痒，伊犁有蚊子！乌鲁木齐没有蚊子，新疆很多地方没有蚊子，伊犁有蚊子，因为伊犁水多。水多是好事，咬两下也值得。自来新疆，我才更深切地体会到水对于人的生活的重要性。

几乎每个人看到戈壁滩，都要发出这样的感慨：这么大的地，要是有水，能长多少粮食啊！

伊犁河北岸为惠远城。这是"总统伊犁一带"的伊犁将军的驻地，也是获罪的"废员"充军的地方。充军到伊犁，具体地说，就是到惠远。伊犁是个大地名。

惠远有新老两座城。老城建于乾隆二十七年，后为伊犁河水冲溃，废。光绪八年，于旧城西北郊十五里处建新城。

我们到新城看了看。城是土城，——新疆的城都是土城，黄土版筑而成，颇简陋，想见是草草营建的。光绪年间，清廷的国力已经很不行了。将军府遗址尚在，房屋已经翻盖过，但大体规模还看得出来。照例是个大衙门的派头，大堂、二堂、花

过渡：由伊犁河岸的惠远城引出下文对惠远城、获罪的"废员"的叙述。作者由河水写到城，再写到人，脉络清晰。

厅，还有个供将军下棋饮酒的亭子。两侧各有一溜耳房，这便是"废员"们办事的地方。将军府下设六个处，"废员"们都须分发在各处效力。现在的房屋有些地方还保留当初的材料。木料都不甚粗大。有的地方还看得到当初的彩画遗迹，都很粗率。

新城没有多少看头，使人感慨兴亡，早生华发的是老城。

旧城的规模是不小的。城墙高一丈四，城周九里。这里有将军府，有兵营，有"废员"们的寓处，街巷市里，房屋栉比。也还有茶坊酒肆，有"却卖鲜鱼饲花鸭""铜盘炙得花猪好"的南北名厨。也有可供登临眺望，诗酒流连的去处。"城南有望河楼，面伊江，为一方之胜"，城西有半亩宫，城北一片高大的松林。到了重阳，归家亭子的菊花开得正好，不妨开宴。惠远是个"废员""谪宦""迁客"的城市。"自巡抚以下至簿尉，亦无官不具，又可知伊犁迁客之多矣。"从上引洪亮吉的诗文，可以看到这些迁客下放到这里，倒是颇不寂寞的。

伊犁河那年发的那场大水，是很不小的。大水把整个城全扫掉了。惠远城的城基是很高的，但是城西大部分已经塌陷，变成和伊犁河岸一般平的草滩了。草滩上的草很好，碧绿的，有牛羊在随意啃

引用修辞： 作者引用洪亮吉的诗文描写"废员"和"迁客"流戍边疆的生活。侧面写出了惠远旧城丰富的娱乐生活，以及政治仕途的失意消磨了"废员""迁客"当初建功立业、经世济国的梦想。

啮。城西北的城基犹在，人们常常可以在废墟中捡到陶瓷碎片，辨认花纹字迹。

城的东半部的遗址还在。城里的市街都已犁为耕地，种了庄稼。东北城墙，犹余半壁。城墙虽是土筑的，但很结实，厚约三尺。稍远，右侧，有一土墩，是鼓楼残迹，那应该是城的中心。林则徐就住在附近。

据记载：鼓楼前方第二巷，又名宽巷，是林的住处。我不禁向那个地方多看了几眼。林公则徐，您就是住在那里的呀？

伊犁一带关于林则徐的传说很多。有的不一定可靠。比如现在还在使用的惠远渠，又名皇渠，传说是林所修筑，有人就认为这不可信：林则徐在伊犁只有两年，这样一条大渠，按当时的条件，两年是修不起来的。但是林则徐之致力新疆水利，是不能否定的（林则徐分发在粮饷处，工作很清闲，每月只须到职一次，本不管水利）。林有诗云："要荒天遣作箕子，此说足壮羁臣羁。"看来他虽在迁谪之中，还是壮怀激烈，毫不颓唐的。他还是想有所作为，为百姓做一点好事，并不像许多废员，成天只是"种树养花，读书静坐"（洪亮吉语）。林则徐离开伊犁时有诗云："格登山色伊江水，回首依依勒马看。"他对伊犁是有感情的。

惠远城东的一个村边，有四棵大青枫树。传说

对比手法：林则徐的"壮怀激烈，毫不颓唐"与许多废员悠闲的生活形成对比，进一步凸显了林则徐的奉献精神和坚定的志向，表达了作者对林则徐为百姓做事的赞美之情。

是林则徐手植的。这大概也是附会。林则徐为什么会跑到这样一个村边来种四棵树呢？不过，人们愿意相信，就让他们相信吧。

这样一个人，是值得大家怀念的。

据洪亮吉《客话》云：废员例当佩长刀，穿普通士兵的制服——短后衣。林则徐在伊犁日，亦当如此。

赛里木湖·果子沟

乌鲁木齐人交口称道赛里木湖、果子沟。他们说赛里木湖水很蓝；果子沟要是春天去，满山都是野苹果花。我们从乌鲁木齐往伊犁，一路上就期待着看看这两个地方。

车出芦草沟，迎面的天色沉了下来，前面已经在下雨。到赛里木湖，雨下得正大。

赛里木湖的水不是蓝的呀。我们看到的湖水是铁灰色的。风雨交加，湖里浪很大。灰黑色的巨浪，一浪接着一浪，扑面涌来，撞碎在岸边，溅起白沫。这不像是湖，像是海。荒凉的，没有人迹的，冷酷的海。没有船，没有飞鸟。赛里木湖使人觉得很神秘，甚至恐怖。赛里木湖是超人性的。它没有人的气息。

湖边很冷，不可久留。

林则徐一八四二年（距今整一百四十年）十一

用词独特："超人性"表达了赛里木湖荒凉、冷酷、神秘的原始自然状态，让人心生敬畏。

月五日，曾过赛里木湖。林则徐日记云："土人云：海中有神物如青羊，不可见，见则雨雹。其水亦不可饮，饮则手足疲软，谅是雪水性寒故耳。"林则徐是了解赛里木湖的性格的。

到伊犁，和伊犁的同志谈起我们见到的赛里木湖，他们都有些惊讶，说："真还很少有人在大风雨中过赛里木湖。"

赛里木湖正南，即果子沟。车到果子沟，雨停了。我们来的不是时候，没有看到满山密雪一样的林檎的繁花，但是果子沟给我留下一个非常美的印象。

吉普车在山顶的公路上慢行着，公路一侧的下面是重重复复的山头和深浅不一的山谷。山和谷都是绿的，但绿得不一样。浅黄的、浅绿的、深绿的。每一个山头和山谷多是一种绿法。大抵越是低处，颜色越浅；越往上，越深。新雨初晴，日色斜照，细草丰茸，光泽柔和，在深深浅浅的绿山绿谷中，星星点点地散牧着白羊、黄犊、枣红的马，十分悠闲安静。迎面陡峭的高山上，密密地矗立着高大的云杉。一缕一缕白云从黑色的云杉间飞出。这是一个仙境。我到过很多地方，从来没有觉得什么地方是仙境。到了这儿，我蓦然想起这两个字。我觉得这里该出现一个小小的仙女，穿着雪白的纱衣，披散着头发，手里拿一根细长的牧羊杖，赤着

语言典雅生动：
写果子沟的仙境之美，"新雨初晴，日色斜照，细草丰茸"，用词典雅，富有韵律感；"浅黄的、浅绿的、深绿的""白羊、黄犊、枣红的马"，色彩清新明丽，形象地写出了山谷绿意盎然、充满生机的特点，表达了作者对果子沟的喜爱、赞美之情。

脚,唱着歌,歌声悠远,回绕在山谷之间……

从伊犁返回乌鲁木齐,重过果子沟。果子沟不是来时那样了。草、树、山,都有点发干,没有了那点灵气。我不复再觉得这是一个仙境了。旅游,也要碰运气。我们在大风雨中过赛里木湖,雨后看果子沟,皆可遇而不可求。

汽车转过一个山头,一车的人都叫了起来:"哈!"赛里木湖,真蓝!好像赛里木湖故意设置了一个山头,挡住人的视线。绕过这个山头,它就像从天上掉下来的似的,突然出现了。

真蓝!下车待了一会,我心里一直惊呼着:真蓝!

我见过不少蓝色的水。"春水碧于蓝"的西湖,"比似春莼碧不殊"的嘉陵江,还有最近看过的博格达雪山下的天池,都不似赛里木湖这样地蓝。蓝得奇怪,蓝得不近情理。蓝得就像绘画颜料里的普鲁士蓝,而且是没有化开的。湖面无风,水纹细如鱼鳞。天容云影,倒映其中,发宝石光。湖色略有深浅,然而一望皆蓝。

上了车,车沿湖岸走了二十分钟,我心里一直重复着这一句:真蓝。远看,像一湖纯蓝墨水。

赛里木湖究竟美不美?我简直说不上来。我只是觉得:真蓝。我顾不上有别的感觉,只有一个感觉——蓝。

反复修辞: 连用"真蓝"一词,反复表达感叹,语言简约质朴,强调赛里木湖蓝得与众不同,令人惊异。

为什么会这样蓝?有人说是因为水太深。据说赛里木湖水深至九十米。赛里木湖海拔二千零七十三米,水深九十米,真是不可思议。

"赛里木"是突厥语,意思是祝福、平安。突厥的旅人到了这里,都要对着湖水,说一声:

"赛里木!"

为什么要说一声"赛里木"?是出于欣喜,还是出于敬畏?

赛里木湖是神秘的。

(文章有删减)

赏析

《天山行色》写于1982年9月,汪曾祺回到北京将其润色后发表,文章写了他在新疆游览时的所见、所闻、所感。

本文所选的《天山》《伊犁河》《赛里木湖·果子沟》,是原文中的三篇。应该说,汪曾祺的游记散文仍旧拥有着独特的个人风范,充满了诗情画意。诗情方面,他善于在文中加入自己的古体诗作,写景言志。画意方面,其语言带有一种写意的感觉,描述能够做到准确、自然,真实还原,同时还能让读者感受到作者独特的审美情趣。

在写景时,汪曾祺往往抓住一个点展开延伸,如《伊犁河》中就抓住了河边的蒲草、惠远城的建城史、林则徐在伊犁等几个点,这些点之间既有紧密的联系,又各有其独特之处,以这样的线索展开,便将关于伊犁河的一切交代清楚了。如《赛里木湖·果子沟》中,以两次经过赛里木湖和果子沟看到的情景进行对比来贯通全文,起初看到的赛里木湖是铁灰色的,没有生气,但雨中的果子沟却相当美;而回来时，果子沟已经失了灵气，赛里木湖却蓝得令人惊艳。在此处，汪曾祺一再地重复"蓝"这个字眼，使读者的印象在无形间加深了。

读·思·悟

作者在创作游记时，对颜色的把握相当准确，常常不惜以重笔进行刻画。本文的颜色描述准确而生动，更接近景物的真实状态。比如本文描写伊犁河水是"灰白"的，城西草滩是"碧绿"的，赛里木湖是"铁灰色"的，灰黑色的巨浪溅起"白"沫，果子沟山谷是"浅黄的、浅绿的、深绿的"，其中有"白羊、黄犊、枣红的马"……从这些描述可见，作者对颜色的观察和描述十分独到，在简洁而凝练的描述中，就将景物生动地展现给了读者，令人心驰神往，想要亲自去感受一下新疆的美丽景色。

湘行二记

桃花源记

汽车开进桃花源,车中一眼看见一棵桃树上还开着花。只有一枝,四五朵,通红的,如同胭脂。十一月天气,还开桃花!这四五朵红花似乎想努力地证明:这里确实是桃花源。

有一位原来也想和我们一同来看看桃花源的同志,听说这个桃花源是假的,就没有多大兴趣,不来了。这位同志真是太天真了。桃花源怎么可能是真的呢?《桃花源记》是一篇寓言。中国有几处桃花源,都是后人根据《桃花源诗并记》附会出来的。先有《桃花源记》,然后有桃花源。不过如果要在中国选举出一个桃花源,这一个应该有优先权。这个桃花源在湖南桃源县,桃源旧属武陵。而且这里有一条小溪,直通沅江。陶渊明的《桃花源记》不是这样说的么:"晋太元中,武陵人,捕鱼为业。缘溪行,忘路之远近……"

刚放下旅行包,文化局的同志就来招呼去吃擂茶。闻擂茶之名久矣,此来一半为擂茶,没想到下车后第一个节目便是吃擂茶,当然很高兴。茶叶、老姜、芝麻、米，加盐，放在一个擂钵里，用硬杂木做的擂棒"擂"成细末，用开水冲开，便是擂茶。吃擂茶时还要摆出十几个碟子，里面装的是炒米、炒黄豆、炒绿豆、炒包谷、炒花生、砂炒红薯片、油炸锅巴、泡菜、酸辣藠头……边喝边吃。擂茶别具风味，连喝几碗，浑身舒服。佐茶的茶食也都很好吃，藠头尤其好。我吃过的藠头多矣，江西的、湖北的、四川的……但都不如这里的又酸又甜又辣，桃源藠头滋味之浓，实为天下冠。桃源人都爱喝擂茶。有的农民家，夏天中午不吃饭，就是喝一顿擂茶。问起擂茶的来历，说是：诸葛亮带兵到这里，士兵得了瘟疫，遍请名医，医治无效，有一个老婆婆说："我会治！"她熬了几大锅擂茶，说："喝吧！"士兵喝了擂茶，都好了。这种说法当然也只好姑妄听之。诸葛亮有没有带兵到过桃源，无可稽考。根据印象，这一带在三国时应是吴国的地方，若说是鲁肃或周瑜的兵，还差不多。我总怀疑，这种喝茶法是宋代传下来的。《都城纪胜·茶坊》载："冬天兼卖擂茶。"《梦粱录·茶肆》条载："冬月添卖七宝擂茶。"有一本书载"杭州人一天吃三十丈木头"，指的是每天消耗的"擂槌"的表层木质。"擂槌"大概就是桃源人所说的擂棒。"一天吃三十丈木头"，形容杭州人口之多。

擂槌可以擂别的东西，当然也可以擂茶。"擂"这个字是从宋代沿用下来的。"擂"者，擂而细之之谓也，跟擂鼓的擂不是一个意思。茶里放姜，见于《水浒传》，王婆家就有这种茶卖，《水浒传》第二十四回写道："便浓浓地点两盏姜茶，将来放在桌子上。"从字面看，这种茶里有茶叶，有姜，至于还放不放别的什么，只好阙闻了。反正，王婆所卖之茶与桃源擂茶有某种渊源，是可以肯定的。湖南省不少地方喝"芝麻豆子茶"，即在茶里放入炒熟且碾碎的芝麻、黄豆、花生，也有放姜的，好像不加盐，茶叶则是整的，并不擂细，而且喝干了茶水还把叶子捞出来放进嘴里嚼嚼吃了，这可以说是擂茶的嫡堂兄弟。湖南人爱吃姜。十多年前在醴陵、浏阳一带旅行，公共汽车一到站，就有人托了一个瓷盘，里面装的是插在牙签上的切得薄薄的姜片，一根牙签上插五六片，卖与过客。本地人掏出角把钱，买得几串，就坐在车里吃起来，像吃水果似的。大概楚地卑湿，故湘人保存了不撤姜食的习惯。生姜、茶叶可以治疗某些外感，是一般的本草书上都讲过的。北方的农村也有把茶叶、芝麻一同放在嘴里生嚼用来发汗的偏方。因此，说擂茶最初起于医治兵士的时症，不为无因。

上午在山上桃花观里看了看。进门是一正殿，往后高处是"古隐君子之堂"。两侧各有一座楼，一名"蹑风"，用陶渊明"愿言蹑轻风"诗意；一名"玩月"，用刘禹锡故实。楼皆三面开窗，后为墙壁，颇小巧，不俗气。观里的建筑都不甚高大。楹联颇多，联语多隐括《桃花源记》词句，也与道教无关。

下午下山，去钻了"秦人洞"。洞口倒是有点像《桃花源记》所写的那样，"山有小口，仿佛若有光""初极狭，才通人"。洞里有小小流水，深不过人脚面，然而源源不竭，蜿蜒流至山下。走了几十步，豁然开朗了，但并不是"土地平旷，屋舍俨然，有良田美池桑竹之属。阡陌交通，鸡犬相闻"。后面有一点平地，也有一块稻田，田中插一木牌，写着"千丘田"，实际上只有两间房子那样大，是特意开出来种了稻子应景的。有两个水池子，山上有一个擂茶馆，再后就又是山了。如此而已。因此不少人来看了，都觉得失望，说是"不像"。这些同志也真是天真。他们大概还想遇见几个避乱的秦人，请到家里，设酒杀鸡来招待他一番，这才满意。

看了秦人洞，便扶向路下山。山下有方竹亭，亭极古拙，四面有门而无窗，墙甚厚，拱顶，无梁柱，云是明代所筑，似可信。亭后旧有方竹，为国民党的兵砍尽。竹子这个东西，每隔三年，须删砍一次，不则挤死；然亦不能砍尽，砍尽则不复长。现在方竹亭后仍有一丛细竹，导游的说明牌上说：这种竹子看起来是圆的，摸起来是方的。摸了摸，似乎有点楞。但一切竹竿似皆不尽浑圆，这一丛细竹是补种来应景的，和我在成都薛涛井旁所见方竹不同，——那是真正"对角四方"的。方竹亭前原来有很多碑，据说有一块明朝的碑，字写得很好，不知还能不能找到拓本。

旧的碑毁掉了，新的碑正在造出来。就在碎碑残骸不远处，有几个石工正在丁丁地斫治。一个小伙子在一块桃源石的巨碑上浇了水，用一块油石在慢慢地磨着。碑石绿如艾叶，很好看。桃源石很硬，磨起来很不容易。问："磨这样一块碑得用多少工？"——"好多工啊？哪晓得呢！反正磨光了算！"这回答真有点无怀氏之民的风度。

晚宿观旁的小招待所，栏杆外面，竹树萧然，极为幽静。桃花源虽无真正的方竹，但别的竹子都可看。竹子都长得很高，节子也长，竹叶细碎，姗姗可爱，真是所谓修竹。树都不粗壮，而都甚高。大概树都是从谷底长上来的，为了够得着日光，就把自己拉长了。竹叶间有小鸟穿来穿去，绿如竹叶，才一寸多长。

修竹姗姗节子长，

山中高树已经霜。

经霜竹树皆无语，

小鸟啾啾为底忙？

晨起，至桃花观门外闲眺，下起了小雨。

山下鸡鸣相应答，

林间鸟语自高低。

芭蕉叶响知来雨，

已觉清流涨小溪。

做了一日武陵人，临去，看那个小伙子磨的石碑，似乎进展不大。门口的桃花还在开着。

岳阳楼记

岳阳楼值得一看。

长江三胜，滕王阁、黄鹤楼都没有了，就剩下这座岳阳楼了。

岳阳楼最初是唐开元中中书令张说所建，但在一般中国人印象里，它是滕子京建的。滕子京之所以出名，是由于范仲淹的《岳阳楼记》。中国过去的读书人很少没有读过《岳阳楼记》的。《岳阳楼记》一开头就写道："庆历四年春，滕子京谪守巴陵郡。越明年，政通人和，百废俱兴……"虽然范记写得很清楚，滕子京不过是"重修岳阳楼，增其旧制"，然而大家不甚注意，总以为这是滕子京建的。岳阳楼和滕子京这个名字分不开了。滕子京一生做过什么事，大家不去理会，只知道他修建了岳阳楼，好像他这辈子就做了这一件事。滕子京因为岳阳楼而不朽，而岳阳楼又因为范仲淹的一记而不朽。若无范仲淹的《岳阳楼记》，不会有那么多人知道岳阳楼，有那么多人对它向往。《岳阳楼记》通篇写得很好，而尤其为人传诵者，是"先天下之忧而忧，后天下之乐而乐"这两句名言。可以这样说：岳阳楼是由于这两句名言而名闻天下的。这大概是滕子京始料所不及，亦为范仲淹始料所不及。这位"胸中自有数万甲兵"的范老夫子的事迹大家也多不甚了了,他流传后世的,除了几首词,最突出的,便是一篇《岳阳楼记》和《记》里的这两句话。这两句话哺育了很多后代人,对中国知识分子的品德的形成,产生了极其深远的影响。匹夫而为百世师,一言而为天下法,呜呼,立言的价值之重且大矣,可不慎哉!

  写这篇《记》的时候,范仲淹不在岳阳,他被贬在邓州①,即今河南邓县,而且听说他根本就没有到过岳阳,《记》中对岳阳楼四周景色的描写,完全出诸想象。这真是不可思议的事。他没有到过岳阳,可是比许多久住岳阳的人看到的还要真切。岳阳的景色是想象的,但是"先天下之忧而忧,后天下之乐而乐"的思想却是久经考虑,出于胸臆的,真实的、深刻的。看来一篇文章最重要的是思想。有了独特的思想,才能调动想象,才能把在别处所得到的印象概括集中起来。范仲淹虽可能没有看到过洞庭湖,但是他看到过很多巨浸大泽。他是吴县人,太湖是一定看过的。我很深疑他对洞庭湖的描写,有些是从太湖印象中借用过来的。

  现在的岳阳楼早已不是滕子京重修的了。这座楼烧掉了几次。据《巴陵县志》载:岳阳楼在明崇祯十二年毁于火,推官陶宗孔重建。清顺治十四年又毁于火,康熙二十二年由知府李遇时、知县赵士珩捐资重建。康熙二十七年又毁于火,直到乾隆五年由总督班第集资修复。因此范记所云"刻唐贤、今人诗赋于其上",已不可见。现在楼

---

① 邓州,现为河南省辖县级市,由南阳市代管。1913年,邓州改名为邓县。1988年,撤销邓县,设立邓州市。本文写于1982年,故后面作者称"今河南邓县"。

上刻在檀木屏上的《岳阳楼记》系张照所书，楼里的大部分楹联是到处写字的"道州何绍基"写的，张、何皆乾隆间人。但是人们还相信这是滕子京修的那座楼，因为范仲淹的《岳阳楼记》实在太深入人心了。也很可能，后来两次修复，都还保存了滕楼的旧样。九百多年前的规模格局，至今犹能得其仿佛，斯可贵矣。

我在别处没有看见过一个像岳阳楼这样的建筑。全楼为四柱、三层、盔顶的纯木结构。主楼三层，高十五米，中间以四根楠木巨柱从地到顶承荷全楼大部分重力，再用十二根宝柱作为内围，外围绕以十二根檐柱，彼此牵制，结为整体。全楼纯用木料构成，逗缝对榫，没用一钉一铆，一块砖石。楼的结构精巧，但是看起来端庄浑厚，落落大方，没有搔首弄姿的小家气，在烟波浩淼的洞庭湖上很压得住，很有气魄。

岳阳楼本身很美，尤其美的是它所占的地势。"滕王高阁临江渚"，看来和长江是有一段距离的。黄鹤楼在蛇山上，晴川历历，芳草萋萋，宜俯瞰，宜远眺，楼在江之上，江之外，江自江，楼自楼。岳阳楼则好像直接从洞庭湖里长出来的。楼在岳阳西门之上，城门口即是洞庭湖。伏在楼外女墙上，好像洞庭湖就在脚底，丢一个石子，就能听见水响。楼与湖是一整体。没有洞庭湖，岳阳楼不成其为岳阳楼；没有岳阳楼，洞庭湖也就不成其为洞庭湖了。站在岳阳楼上，可以清清楚楚看到湖中帆船来往，渔歌互答，可以扬声与舟中人说话；同时又可远看浩浩汤汤，横无际涯，北通巫峡，南极潇湘的湖水，远近咸宜，皆可悦目。"气蒸云梦泽，波撼岳阳城"，并非虚语。

我们登岳阳楼那天下雨，游人不多。有三四级风，洞庭湖里的浪不大，没有起白花。本地人说不起白花的是"波"，起白花的是"涌"。

"波"和"涌"有这样的区别,我还是第一次听到。这可以增加对于"洞庭波涌连天雪"的一点新的理解。

夜读《岳阳楼诗词选》。读多了,有千篇一律之感。最有气魄的还是孟浩然的那一联,和杜甫的"吴楚东南坼,乾坤日夜浮"。刘禹锡的"遥望洞庭山水翠,白银盘里一青螺",化大境界为小景,另辟蹊径。许棠因为《洞庭》一诗,当时号称"许洞庭",但"四顾疑无地,中流忽有山",只是工巧而已。滕子京的《临江仙》把"气蒸云梦泽,波撼岳阳城""曲终人不见,江上数峰青"整句地搬了进来,未免过于省事!吕洞宾的绝句:"朝游岳鄂暮苍梧,袖里青蛇胆气粗。三醉岳阳人不识,朗吟飞过洞庭湖。"很有点仙气,但我怀疑这是伪造的(清人陈玉垣《岳阳楼》诗有句云:"堪惜忠魂无处奠,却教羽客踞华楹。"他主张岳阳楼上当奉屈左徒为宗主,把楼上的吕洞宾的塑像请出去,我准备投他一票)。写得最美的,还是屈大夫的"袅袅兮秋风,洞庭波兮木叶下",两句话,把洞庭湖就写完了!

(文章有删减)

赏析

本文是作者的两篇随笔,并行列入《湘行二记》中,记录的是作者在湖南游玩时的见闻思考。桃花源和岳阳楼是古人写过的题材,然而细细品读作者之文,却有一种别开生面的感觉。

首先是《桃花源记》,陶渊明所说的"桃花源"本是一个不曾存在的地方,而作者一行人所去的地方,则是后人附会而造的,可以说,人间并无桃花源。正是由此,作者把焦点的一半转移到了"擂茶"上,并说"此来一半为擂茶",其中详尽地介绍了擂茶的步骤、过程、历史典故、古书记载、缘起等，使得不熟悉擂茶的读者尽情学习了一番。当然，既然是写桃花源，文中还是记录了一下行程，但多半是抱着戏说的态度去写的，最有特色的是前后呼应的那位磨石碑的小伙子。在末尾，"门口的桃花还在开着"，充满了戏谑的口吻，从侧面体现了作者对过往经历的惆怅心理。

《岳阳楼记》则完全是另外一种风格了。文章的重点落在了其人文价值上，以范仲淹的名句"先天下之忧而忧，后天下之乐而乐"，来说明岳阳楼值得一看的原因。可是，作者又说听闻范仲淹当时并未来过岳阳楼，完全是出于想象而创作的，这一点令人惊异不已。随后，他又以丰富的学识介绍历代岳阳楼的重建记录、楼体结构等，笔墨优美。最妙的是文末夜读《岳阳楼诗词选》，借它们服务主题，以诗词来展现岳阳楼的各种特点，并通过作者自身的视角对这些诗词的描述进行对照解读，加深了读者对岳阳楼的特点的了解。

读·思·悟

汪曾祺的这两篇散文有着截然不同的风格，《桃花源记》偏重于纪实，《岳阳楼记》偏重于议论。这当然与两处景色的不同特点有关。前者毕竟还是有一段旅程的，而后者则只能局限于岳阳楼本身；而且相较于前者，后者有更多的历史底蕴。

另外，后者的写作需要进行详细的调查、研究，特别是参考资料的收集至关重要。比如：范仲淹写《岳阳楼记》的时候并不在岳阳，他是如何写成的？岳阳楼高多少，有多少根柱子？有关岳阳楼的诗词哪些值得一读？这些都离不开细致的构思和详尽的调研。我们在写类似的文章时，也要积极地进行调研，以获取准确的信息。

菏泽游记

菏泽牡丹

菏泽的出名,一是因为历史上出过一个黄巢(今菏泽城西有冤句故城,为黄巢故里,京剧《珠帘寨》说他"家住曹州并曹县",曹州是对的,曹县不确)。一是因为出牡丹花。菏泽牡丹种植面积大,最多时曾达五千亩,一九七六年调查还有三千多亩,单是城东"曹州牡丹园"就占地一千亩;品种多,约有四百种。

牡丹花期短,至谷雨而花事始盛,越七八日,即阑珊欲尽,只剩一大片绿叶了。谚云:"谷雨三日看牡丹。"今年的谷雨是阳历四月二十。我们二十二日到菏泽,第二天清晨去看牡丹,正是好时候。

初日照临,杨柳春风,一千亩盛开的牡丹,这真是一场花的盛宴,蜜的海洋,一次官能上的过度的饱饫。漫步园中,恍恍惚惚,有如梦回酒醒。

牡丹的特点是花大,型多,颜色丰富。我们在李集参观了一丛浅白色的牡丹,花头之大,花瓣之多,令人骇异。大队的支部书记指着一朵花说:"昨天量了量,直径六十五公分。"古人云牡丹"花大盈尺",不为过分。他叫我们用手掂掂这朵花。掂了掂,够一斤重!苏东坡诗云"头重欲人扶",得其神理。牡丹花分三大类——单瓣类、重瓣类、千瓣类;六型——葵花型、荷花型、玫瑰花型、平头型、皇冠型、绣球型;八大色——黄、红、蓝、白、黑、绿、紫、粉。通称"三类、六型、八大色"。姚黄、魏紫,这里都有。紫花甚多,却不甚贵重。古人特重姚黄,菏泽的姚黄色浅而花小,并不突出,据说是退化了。园中最出色的是绿牡丹、黑牡丹。绿牡丹品名豆绿,盛开时恰如新剥的蚕豆。挪威的别伦·别尔生说花里只有菊花有绿色的,他大概没有看到过中国的绿牡丹。黑牡丹正如墨菊一样,当然不是纯黑色的,而是紫红得发黑。菏泽用"黑花魁"与"烟笼紫玉盘"杂交而得的"冠世墨玉",近花萼处真如墨染。堪称菏泽牡丹的"代表作"的,大概还要算清代赵花园园主赵玉田培育出来的"赵粉"。粉色的牡丹不难见,但"赵粉"极娇嫩,为粉花上品。传至洛阳,称"童子面",传至西安,称"娃儿面",以婴儿笑靥状之,差能得其仿佛。

菏泽种牡丹,始于何时,难于查考。至明嘉靖年间,栽培已盛。《曹南牡丹谱》载:"至明曹南牡丹甲于海内。"牡丹,在菏泽,是一种经济作物。《菏泽县志》载:"牡丹、芍药多至百余种,土人植之,动辄数十百亩,利厚于五谷。"每年秋后,"土人捆载之,南浮闽粤,北走京师,至则厚值以归"。现在全国各地名园所种牡丹,大部分都是由菏泽运去的。清代即有"菏泽牡丹甲天下"之说。凡称某处某物甲天下者,每为天下人所不服。而称"菏泽牡丹甲天下",则天下人皆无异议。

牡丹的根,经过加工,为"丹皮",为重要的药材,这是大家都知道的。菏泽丹皮,称为"曹丹",行市很俏。

菏泽盛产牡丹,大概跟气候水土有些关系。牡丹耐干旱,不能浇"明水",而菏泽春天少雨。牡丹喜轻碱性沙土,菏泽的土正是这种土。菏泽水咸涩,绿茶泡了一会就成了铁观音那样的褐红色,这样的水却偏宜浇溉牡丹。

牡丹是长寿的。菏泽赵楼村南曾有两棵树龄二百多年的脂红牡丹,主干粗如碗口,儿童常爬上去玩耍,被称为"牡丹王"。袁世凯称帝后,曹州镇守使陆朗斋把牡丹王强行买去,栽在河南彰德府袁世凯的公馆里,不久枯死。今年在菏泽开牡丹学术讨论会,安徽的代表说在山里发现一棵牡丹,已经三百多年,每年开花二百余朵,犹无衰老态。但是牡丹的栽培却是不易的。牡丹的繁殖,或分根,或播种,皆可。一棵牡丹,每五年才能分根,结籽常需七年。一个杂交的新品种的栽培需要十五年,成种率为千分之四。看花才十日,栽花十五年,亦云劳矣。

告别的时候,支书叫我们等一等,说是要送我们一些花,一个小伙子抱来了一抱。带到招待所,养在茶缸里,每间屋里都有几缸花。菏泽的同志说,未开的骨朵可以带到北京,我们便带在吉普车上。不想到了梁山,住了一夜,全都开了,于是一齐捧着送给了梁山招待所的女服务员。正是:

菏泽牡丹携不去,且留春色在梁山。

上梁山

早发菏泽，经钜野，至郓城小憩。郓城是一个新建的现代城市，老城已经看不出痕迹。城中旧有乌龙院遗址，询之一老人，说是在天主堂的旁边。他说："您这是问俺咧，问那些小青年，他们都知不道。"按乌龙院当是后人附会，不应信。《水浒传》说宋江讨了阎婆惜，"就在县西巷内，讨了一所楼房，置办些家伙什物，安顿了阎婆惜娘儿两个在那里居住"（《坐楼杀惜》有几分根据），并没有说盖了什么乌龙院。宋江把安顿阎婆惜的"小公馆"命名为乌龙院也颇怪，这和风花雪月实在毫不相干。近午，抵梁山县。县是一九四九年建置的，因境内有梁山而得名。

传说中的梁山，很有可能就在这里（听说有人有不同意见）。元高文秀《黑旋风双献功》杂剧云："寨名水浒，泊号梁山。……南通钜野、金乡，北靠青、齐、兖、郓。"按其地望，实颇相似。《双献功》是杂剧，不是信史，但高文秀距南宋不远，不会无缘无故地制造出一个谣言。现在还有一条宽约四尺，相当平整的路，从山脚直通山顶，称为"宋江马道"，说是宋江当初就是从这条路骑马上山的。这条路是人修的，想来是有人在山上安寨驻扎过。否则，这里既非交通要道，山上又无什么特殊的物产，当地的乡民是不会修出这样一条"马道"来的。主峰虎头山的山腰有两道石头垒成的寨墙，一为外寨，一为内寨，这显然就是为了防御用的。墙已坍塌，只余下正面的一截了，还有三四尺高。石块皆如斗大。余嘉锡《宋江三十六人考实》引元袁桷过梁山泊诗："飘飘愧陈人，历历见遗址。流移散空洲，崛强导故垒。""故垒"或当即指的是这两道寨墙。想来当初是颇为结实而雄伟的，如袁桷所云，是"崛强"的。山顶有一块平地或云有十五亩,即忠义堂所在。堂址前的一块石头上有旗杆窝,说是插杏黄旗的,小且浅,似不可信。

梁山不甚高大,山势也不险恶。以我这样的年龄(六十三岁),这样的身体(心脏欠佳),可以一口气走上山顶而不觉得怎么样。这样一座山,能做出那样大的一番事业么?清代的王培荀就说过:"自今视之,山不高大,山外一望平陆。"他怀疑小说"铺张太过"(《乡园忆旧》)。曹玉珂过梁山,也发出过类似疑问,"于是近父老而问之",对曰"险不在山而在水也"。原来如此!

梁山周围原来是一片大水,即梁山泊,累经变迁。《辞海》"梁山泊"条言之甚详:"'泊'一作'泺'。在今山东梁山、郓城等县间。南部梁山以南,本系大野泽的一部分,五代时泽面北移,环梁山皆成巨浸,始称梁山泊。从五代到北宋,多次被溃决的黄河河水灌入,面积逐渐扩大,熙宁以后,周围达八百里。入金后河徙水退,渐涸为平地。元末一度为黄河决入,又成大泊,不久又涸。"[1]历来关于梁山泊的记载,迷离扑朔,或说八百里,或说三百里,或说有水,或说没有水,《辞海》算是把它的来龙去脉理出一个头绪来了。

梁山东面的东平湖现在的面积还有三十一万亩,比微山湖略小,据说原来东平湖和梁山泊是连着的,那可是一片非常壮观的大水!前年黄河分洪,河水还曾从东平湖漫过来,直抵梁山脚下。水退了,山下仍是"一望平陆",整整齐齐,一方块一方块麦子地。梁山遂成了一座干山,只有梁山,并无水泊了。

梁山县准备把梁山修复起来,已经成立了修复梁山规划领导小

---

[1] 作者引用《辞海》的内容为早期版本,与最新版《辞海》内容有个别文字出入。

组。栽了很多树，还在本山修了断金亭。断金亭结构疏朗，斗拱甚大，像个宋代建筑。以后还将陆续修建，想要把黄河水引过来，恢复梁山旧观。不过这大概需要好多年。所谓"修复"也只能得其仿佛。《水浒传》是小说，大部分是虚构，谁知道水泊梁山到底是个什么样子呢！

在梁山住两日，餐餐食有鱼。鱼皆鲜活，是从东平湖里捞上来的。梁山人很会做鱼，糖醋、酥煮、清蒸，皆极精妙，达到理想的程度。这大概还是梁山泊时期留下来的传统。本地尤重鲤鱼，"无鱼不成席"，虽鸡鸭满桌，若无一尾活鲤鱼，即非待客的敬意。东平湖水与黄河通，所以这里的鲤鱼也算黄河鲤。本地人云：辨黄河鲤鱼之法，剖开鱼肚，鱼肉雪白，即是黄河鲤。别处的鲤鱼，里面都有一层黑膜。鲤鱼要大小适中。以二斤半到三斤的为最贵，过小过大，都不值钱。办喜事，尤其要用这般大小的鱼。本地人说："等着吃你的鱼咧！"意思即是等着吃你的喜酒。鱼必二斤半至三斤，多少钱都要，这样的鱼遂无定价，往往一桌席，一半便是这条鱼钱。我们吃的，正是这样大的鲤鱼。吃着鲤鱼不禁想起《水浒》。吴学究往石碣村说三阮撞筹，借口便是"如今在一个大财主家做门馆教学，今来要对付十数尾金色鲤鱼"。此地特重鲤鱼，由来久矣。不过吴用要的却是十四五斤的。十四五斤的鲤鱼，不好吃了。这是因为写《水浒》的施耐庵对吃黄河鲤不大内行，还是古今风俗有异了呢？

《水浒传》第三十八回，宋江在琵琶亭上，忽然心里想要鱼辣汤吃，"便是不才酒后，只爱口鲜鱼汤吃"。宋江是郓城人，离梁山泊不远，他是从小吃惯了鲜鱼的，难怪说腌了的鱼不中吃。

修复梁山规划小组的同志嘱写几个字，为书俚句：

远闻钜野泽，来上宋江山。

马道横今古，寨墙积暮烟。

旧址颇茫渺，遗规尚俨然。

何当舰杏帜，舟渡蓼花滩？

宿梁山之第二日，大雨，破晓时雨始渐住。这场雨对小麦十分有利。一老人说："我活了七十年，没见过这时候下这样的雨的！"这真是及时雨。山东今年是个好年景。

赏析

本文是分两个部分展开的。其一是写菏泽的牡丹，其二写菏泽郓城的梁山，两者一为特色产出，一为特色地理，都有一定的渊源。

作者每写一处地方，一定会阅读大量相关的资料，对当地有深入的了解，这样在游览的过程中才能够做到知其然并知其所以然。最后呈现在读者面前的，则是他消化过的精华。例如写《菏泽牡丹》这篇，讲历史人物，引用京剧《珠帘寨》；讲花期，引用谚语；讲牡丹的特点，引用苏东坡与别伦·别尔生的言论；讲栽培历史，则引《曹南牡丹谱》《菏泽县志》的内容进行论证；讲牡丹长寿，则举出几棵有百年历史的牡丹来。可谓是资料全面，令人大开眼界。

在写《上梁山》时，作者对《水浒传》相关资料的运用更是炉火纯青，因为其中不仅有史料，还有考证、辨别的功夫。如考证传说中梁山的位置时，先引杂剧《黑旋风双献功》里的内容，又利用实地的"宋江马道"和寨墙进行佐证，再加上袁桷的诗，增加了真实性。而后，作者因梁山易登无险对梁山能否成就一番事业产生怀疑，又由"险不在山而在水也"这句话，将思路转向了对梁山泊真实性的论证，并援引了《辞海》中的词条，搞清楚了梁山泊的来龙去脉，使得

"梁山"又以一个全新的面貌展现在了读者眼前。

读·思·悟

作者游览了祖国的许多地方，写下了大量的游记散文，有的是以随笔的形式记录，有的归入了美食散文。虽然这些文章的文体不同，但有一点十分明显，那就是有着丰富的知识性。如写牡丹，对牡丹的特点、种类、习性等，可谓是不厌其烦地介绍；写梁山，则侧重于其历史渊源的介绍，选用古诗文、县志等资料，使文章可读性大增。

在写游记时，如果能够深入调查、收集资料，那么不仅能够使文章更有深度，而且能让读者有很多的收获。

- 写作百宝箱
- 作家创作谈
- 名人故事汇
- 名家作品集

扫码领取

隆中游记

往桑植，途经襄樊①，勾留一日，少不得到隆中去看看。

诸葛亮选的（也许是他的父亲诸葛玄选的）这块地方很好，在一个山窝窝里，三面环山，背风而向阳。岗上高爽，可以结庐居住；山下有田，可以躬耕。草庐在哪里？半山有一砖亭，题曰"草庐旧址"，但是究竟是不是这里，谁也说不清。草庐原来是什么样子，更是想象不出了。诸葛亮住在这里时是十七岁至二十七岁，这样年轻的后生，山上山下，一天走几个来回，应该不当一回事。他所躬耕的田是哪一块呢？知不道。没有人在一块田边立一块碑——"诸葛亮躬耕处"，这样倒好！另外还有"抱膝亭"，当是诸葛亮抱膝而为《梁父吟》的地方了。不过诸葛亮好为"梁父吟"，恐怕初无定处，山下不拘哪块石头上，他都可坐下来抱膝而吟一会的。这些"古迹"也如同大多数古迹一样，只可作为纪念，难于坐实。

隆中的主体建筑是武侯祠。这座武侯祠和成都的不能比，只是一

---

①襄樊，今为襄阳。

门庑,一享堂,一正殿,都不大。正殿塑武侯像,像太大,与殿不成比例。诸葛亮不是正襟危坐,而是屈右膝,伸左腿那样稍稍偏侧着身子。面上颧骨颇高,下巴突出,与常见诸葛亮画像的面如满月者不同。他穿了一件戏台上员外常穿的宝蓝色的"披",上面用泥金画了好些八卦。不知道从什么时候起,诸葛亮和八卦搞得难解难分,这真是令人哭笑不得,无可奈何的事!

正殿和享堂都挂了很多楹联,佳者绝少。大概诸葛亮的一生功业已经叫杜甫写尽了,后人只能在"三顾""两表"上做文章,翻不出新花样了。最好的一副,还是根据成都武侯祠复制的:"能攻心则反侧自消,从古知兵非好战;不审时即宽严皆误,后来治蜀要深思。"不即不离,意义深远。有一副的下联是"气周瑜,辱司马,擒孟获,古今流传",把《三国演义》上的虚构故事也写了进来,堂而皇之地挂在那里,未免笑话。郭老为武侯祠写了一幅中堂,大意说:诸葛亮和陶渊明都曾躬耕,陶渊明

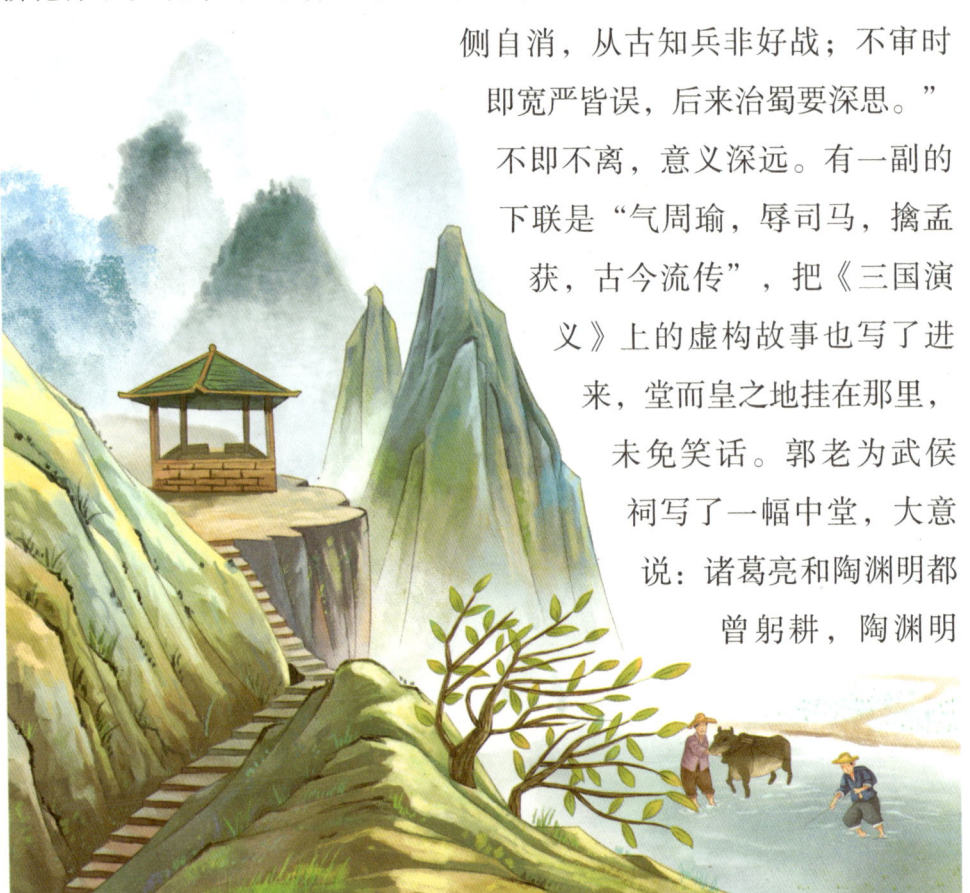

成了诗人，诸葛亮成就了功业。如果诸葛亮不出山，他大概也会像陶渊明一样成为诗人的吧？联想得颇为新奇。不过诸葛亮年轻时即自比于管仲、乐毅，恐怕不会愿抛心力做诗人。

武侯祠一侧为"三义殿"，祀刘、关、张。三义殿与武侯祠相通，但本是"各自为政"，不相统属的。导游说明中说以刘、关、张"配享"诸葛亮，实在有乖君臣大体！三义殿中塑三人像，是泥胎涂金而"做旧"了的。刘备端坐。关、张一个是豹头环眼，一个是蚕眉凤目，都拿着架子，用戏台上的"子午相"坐着。老是这样拿着架子，——尤其是关羽，右手还高高地挑起他的美髯，不累得慌么？其实可以让他们松弛下来，舒舒服服地坐着，这样也比较近似真人，而不像戏曲里的角色。——中国很多神像都受了戏曲的影响。

三义殿前为"三顾堂"，楹联之外，空无一物。

隆中是值得看看的。董老为三顾堂书联，上联用杜甫句"诸葛大名垂宇宙"，下联是"隆中胜迹永清幽"。隆中景色，用"清幽"二字，足以尽之，所以使人觉得清幽，是因为隆中多树。树除松、柏、桐、乌桕外，多桂花和枇杷。枇杷晚翠，桂花不落叶。所以我们往游时，虽已近初冬，山上还是郁郁葱葱的。三顾堂前大枇杷树，树荫遮满一庭。据说花时可收干花数百斤，数百年物也。

下山，走到隆中入口处，有一石牌坊（我们上山走的是旁边的小路），牌坊背面的横额上刻了五个大字——"三代下一人"，觉得这对诸葛亮的推崇未免过甚了。"三代下一人"，恐怕谁也当不起，除非孔夫子。

文学名家 作品精选

赏析

　　这篇文章写的是作者去隆中游览的所见、所感。隆中是诸葛亮的旧居,作者在文中重点描述了当地的武侯祠,对武侯祠中的人像、楹联等进行了详述。写作这篇文章时,作者并没有被诸葛亮头上的光环所迷惑,在用语、行文方面是中肯的,比如在说年轻时的诸葛亮时,会说"这样年轻的后生……"。

　　对于隆中的各处古迹,作者也持有同样的态度,如认为"抱膝亭"其实并不能说明诸葛亮正是在此作的《梁父吟》,诸葛亮的塑像有戏曲里的味道……再如,以三义殿中刘、关、张"配享"诸葛亮其实并不合理,刘、关、张三人的塑像风格也都受了戏曲的影响,这些都是常人难以发现的细微之处。作者能够在观察的同时进行思考,并将自己所思考的内容有理有据地说出来,这是十分难得的。因此,本文不仅仅是一篇游记散文,而是一篇有价值的、可供参考的议论文章。读者读过本文再去实地游览,便能够真切地感受到其中的内涵。

　　本文的语言相当凝练,如"只可作为纪念,难于坐实""楹联之外,空无一物"等,言简意赅,体现了作者清晰的思路、用语的娴熟。

读·思·悟

　　作者看待历史人物的态度是值得我们学习的,本文呈现出的是一个完全不同的隆中形象,让读者了解了当地的武侯祠。在写作类似于"人文风景"的文章时,我们可以向作者学习,要善于发现不合理的地方,带着批判的眼光来看待,这时候我们会有全新的发现。

兵马俑的个性

头一个搞兵马俑的并不是秦始皇。在他以前，就有别的王者，制造过铜的或是瓦的一群武士，用来保卫自己的陵墓。不过规模都没有这样大。搞了整整一师人，都与真人等大，密匝匝地排成四个方阵，这样的事，只有完成了"六王毕，四海一"的大业的始皇帝才干得出来。兵马俑确实很壮观。

面对着这样一个瓦俑的大军，我简直不知道对秦始皇应该抱什么感情。是惊叹于他的气魄之大，还是对他的愚蠢的壮举加以嘲笑？

俑之上，原来据说是有建筑的，被项羽的兵烧掉了。很自然的，人们会慨叹："楚人一炬，可怜焦土。"

有人说始皇陵兵马俑是世界第八奇迹。

单个地看，兵马俑的艺术价值并不是很高。它的历史价值、文物价值，要比艺术价值高得多。当初造俑的人，原来就没有把它当做艺术作品，目的不在使人感动。造出后，就埋起来了，当时看到这些俑的人也不会多。最初的印象，这些俑，大都只有共性，即只是一个兵，没有很鲜明的个性。其实就是对于活着的士卒，从秦始皇到下面的百夫长，也不要求他们有什么个性，有他们的个人的思想、情绪。不但不要求，甚至是不允许的。他们只是兵，或者可供驱使来厮杀，或者被"坑"掉。另外，造一个师的俑，要求逐一地刻画其性格，使之互相区别，也很难。即或是把米开朗琪罗请来，恐怕也难于措手。

我很怀疑这些俑的身体是用若干套模子扣出来的。他们几乎都是一般高矮。穿的服装虽有区别（大概是标明等级的），但多大同小异。大部分是短褐，披甲，着裤，下面是一色的方履。除了屈一膝跪着的射手外，全都直立着，两脚微微分开，和后来的"立正"不同。大概那时还没有发明立正。如果这些俑都是绷直地维持立正的姿势，他们会累得多。但是他们的头部好像不是用模子扣出来的。这些脑袋是"活"的，是烧出来后安上去的。当初发掘时，很多俑已经身首异处；现在仍然可以很方便地从颈腔里取下头来。乍一看，这些脑袋都大体相似，脸以长圆形的居多，都梳着偏髻，年龄率为二十多岁，两眼平视，并不木然，但也完全说不上是英武，大都是平静的，甚至是平淡的，看不出有什么痛苦或哀愁——自然也说不上高兴。总而言之，除了服装，这些人的脸上寻不出兵的特征，像一些普通老百姓，"黔首"，农民。

但是细看一下，就可以发现他们并不完全一样。

★ **老年汪曾祺**

有一个长了络腮胡子的，方方的下颌，阔阔的嘴微闭着，双目沉静而仁慈，看来是个老于行伍的下级军官。他大概很会带兵，而且善于驭下，宽严得中。

有一个胖子，他的脑袋和身体都是圆滚滚的（他的身体也许是特制的，不是用模子扣出来的），脸上浮着憨厚而有点狡猾的微笑。他的胃口和脾气一定都很好，而且随时会说出一些稍带粗野的笑话。

有一个的双颊很瘦削，是一个尖脸，有一撮山羊胡子。据说这样的脸型在现在关中一带的农民中还很容易发现。他也微微笑着，但从眼神里看，他在深思着一件什么事情。

有人说，兵马俑的形象就是造俑者的形象，他们或是把自己，或是把同伴的模样塑成俑了。这当然是推测，但这种推测很合理。

听说太原晋祠宋塑宫女的形象即晋祠附近少女的形象，现在晋祠附近还能看到和宋塑形态仿佛的女孩子。

我于是生出两种感想。

塑像总是要有个性的。即便是塑造兵马俑，不需要、不要求有个性，但是造俑者还是自觉、不自觉地，多多少少地赋予了他们一些个性。因为他塑造的是人，人总有个性。

塑像总是有模特儿的。他塑造的只能是他见过的人，或是熟人，或是他自己。凭空设想，是不可能的。

任何艺术，想要完全摆脱现实主义，是几乎不可能的事。

赏析

《兵马俑的个性》彰显汪曾祺独特的"个性美"。

汪曾祺冷峻看待"搞"兵马俑的王者，彰显其独特的写作视角。

作者从其制造者落笔，将兵马俑的个性与"搞"兵马俑的王者紧紧联系在一起，而一个"搞"字既概括了建造兵马俑的王者好大喜功的共性，又蕴含着作者对劳民伤财的王者的调侃与嘲讽。作者意在表明：兵马俑光辉的成就不是源自专制残暴的统治者，而是来自中国古代充满"个性"的能工巧匠。汪曾祺冷峻的视角里满含对劳苦大众的悲悯，他总是爱憎分明地看待生活。

虚实结合的描写方式彰显兵马俑的"个性美"。

作者用简省的笔墨介绍了兵马俑之壮观，写兵马俑的历史地位及价值，引出对这些俑的最初印象是只有共性，没有鲜明个性。接着，作者笔锋一转，发现看似一样的外表下，却有着并不完全一样的神态，这就是兵马俑的"个性美"。作者通过想象和联想，仿佛看到兵马俑"双目沉静而仁慈"，听到"一些稍带粗野的笑话"，感受到"他在深思着一件什么事情"。这灵动的个性，让泥塑的人的形象显得丰富生动。这些泥土中融入了造俑者的人性美，震撼人心。正是作者对现实生活的细致观察，才有了这些丰富的联想和想象。作者又由此及彼想到了太原晋祠宋塑宫女的形象，想到艺术来源于现实。这正契合了作者的创作思想和创作方法——扎根在现实生活，让文章绽放"个性美"。

读·思·悟

作者说："任何艺术，想要完全摆脱现实主义，是几乎不可能的事。"现实生活给了人们太多的感悟，情郁于中，定然发之于艺术的创作中。不同时代的生活、思想意识形态，透过音乐、建筑、文学等艺术形式，向我们展示不同的"个性美"，启迪我们的人生，推动社会的进步和发展。而现实生活又为艺术创作提供"源头活水"，鲜活又灵动。所以每一种艺术的追求都是为了更好的生活，这也许就是我们读文章、写文章的最终目的。

第三章 人间草木

人间草木

山丹丹

我在大青山挖到一棵山丹丹。这棵山丹丹的花真多。招待我们的老堡垒户看了看,说:"这棵山丹丹有十三年了。"

"十三年了?咋知道?"

"山丹丹长一年,多开一朵花。你看,十三朵。"

山丹丹记得自己的岁数。

我本想把这棵山丹丹带回呼和浩特,想了想,找了把铁锹,把老堡垒户的开满了蓝色党参花的土台上刨了个坑,把这棵山丹丹种上了。问老堡垒户:

"能活?"

"能活。这东西,皮实。"

大青山到处是山丹丹,开七朵花、八朵花的,多的是。

> **语言描写**:通过人与人之间的对话,展现山丹丹每年多开一朵花的特性,增加了文章的生活气息。

山丹丹花开花又落,

一年又一年……

这支流行歌曲的作者未必知道,山丹丹过一年多开一朵花。唱歌的歌星就更不会知道了。

枸　杞

枸杞到处都有。枸杞头是春天的野菜。采摘枸杞的嫩头,略焯过,切碎,与香干丁同拌,浇酱油、醋、香油;或入油锅爆炒,皆极清香。夏末秋初,开淡紫色小花,谁也不注意。随即结出小小的红色的卵形浆果,即枸杞子。我的家乡叫做狗奶子。

我在玉渊潭散步,在一个山包下的草丛里看见一对老夫妻弯着腰在找什么。他们一边走,一边搜索。走几步,停一停,弯腰。

"您二位找什么?"

"枸杞子。"

"有吗?"

老同志把手里一个罐头玻璃瓶举起来给我看,已经有半瓶了。

"不少!"

"不少!"

他解嘲似的哈哈笑了几声。

"您慢慢捡着!"

动作描写:运用"走""搜索""停""弯"几个动词,准确地描绘出老人采枸杞子的形象,推动了情节的发展。

"慢慢捡着！"

看样子这对老夫妻是离休干部，穿得很整齐干净，气色很好。

他们捡枸杞子干什么？是配药？泡酒？看来都不完全是。真要是需要，可以托熟人从宁夏捎一点或寄一点来。——听口音，老同志是西北人，那边肯定会有熟人。

他们捡枸杞子其实只是玩！一边走着，一边捡枸杞子，这比单纯的散步要有意思。这是两个童心未泯的老人，两个老孩子！

人老了，是得学会这样的生活。看来，这二位中年时也是很会生活，会从生活中寻找乐趣的。他们为人一定很好，很厚道。他们还一定不贪权势，甘于淡泊。夫妻间一定不会为柴米油盐、儿女婚嫁而吵嘴。

从钓鱼台到甘家口商场的路上，路西，有一家的门头上种了很大的一丛枸杞，秋天结了很多枸杞子，通红通红的，礼花似的，喷泉似的垂挂下来，一个珊瑚珠穿成的华盖，好看极了。这丛枸杞可以拿到花会上去展览。这家怎么会想起在门头上种一丛枸杞？

意蕴深刻：通过对捡枸杞子老夫妻的描写，抒发自己的感慨，表达了对老年时期不慕名利、甘于淡泊的生活态度的赞赏。

比喻修辞：将枸杞子比喻成"礼花""喷泉""一个珊瑚珠穿成的华盖"，形象而生动，将枸杞子的美丽完全展现了出来。

槐 花

玉渊潭洋槐花盛开，像下了一场大雪，白得耀眼。来了放蜂的人。蜂箱都放好了，他的"家"也安顿了。一个刷了涂料的很厚的黑色的帆布篷子。里面打了两道土堰，上面架起几块木板，是床。床上一卷铺盖。地上排着油瓶、酱油瓶、醋瓶。一个白铁桶里已经有多半桶蜜。外面一个蜂窝煤炉子上坐着锅。一个女人在案板上切青蒜。锅开了，她往锅里下了一把干切面。不大会，面熟了，她把面捞在碗里，加了作料、撒上青蒜，在一个碗里舀了半勺豆瓣。一人一碗。她吃的是加了豆瓣的。

蜜蜂忙着采蜜，进进出出，飞满一天。

我跟养蜂人买过两次蜜，绕玉渊潭散步回来，经过他的棚子，大都要在他门前的树墩上坐一坐，抽一支烟，看他收蜜，刮蜡，跟他聊两句，彼此都熟了。

这是一个五十岁上下的中年人，高高瘦瘦的，身体像是不太好，他做事总是那么从容不迫，慢条斯理的。样子不像个农民，倒有点像一个农村小学校长。听口音，是石家庄一带的。他到过很多省。哪里有鲜花，就到哪里去。菜花开的地方，玫瑰花开的地方，苹果花开的地方，枣花开的地方。每年都到南方去过冬，广西、贵州。到了春暖，再往北返。我问他是不是枣花蜜最好，他说是荆条花的蜜最好。这很出乎我的意外。荆条是个不起眼的东西，而且我从来没有见过荆条开花，想不到荆条花

> **动作描写：** 通过对面熟后女人"捞""加""撒""舀"这一系列动作的描写，形象地写出了她煮面动作的熟练，刻画出了一个贤惠勤劳的妇女形象。

蜜却是最好的蜜。我想他每年收入应当不错。他说比一般农民要好一些，但是也落不下多少：蜂具，路费；而且每年要赔几十斤白糖——蜜蜂冬天不采蜜，得喂它糖。

女人显然是他的老婆。不过他们岁数相差太大了。他五十了，女人也就是三十出头。而且，她是四川人，说四川话。我问他：你们是怎么认识的？他说：她是新繁县①人。那年他到新繁放蜂，认识了。她说北方的大米好吃，就跟来了。

有那么简单？也许她看中了他的脾气好，喜欢这样安静平和的性格？也许她觉得这种放蜂生活，东南西北到处跑，好耍？四川女孩子做事往往很洒脱，想咋个就咋个，不像北方女孩子有那么多考虑。他们结婚已经几年了。丈夫对她好，她对丈夫也很体贴。她觉得她的选择没有错，很满意，不后悔。我问养蜂人：她回去过没有？他说回去过一次，一个人，他让她带了两千块钱，她买了好些礼物送人，风风光光地回了一趟新繁。

一天，我没有看见女人，问养蜂人，她到哪里去了。养蜂人说："到我那大儿子家去了，去接我那大儿子的孩子。"他有个大儿子，在北京工作，在汽车修配厂当工人。

铺垫：通过作者的问话，引出养蜂人的妻子，写出了两人结识的地点、缘由等，为后文描写养蜂人与妻子之间的感情进行了铺垫。

---

①新繁县，已撤县，规划为新都县。

她抱回来一个四岁多的男孩，带着他在棚子里住了几天。她带他到甘家口商场买衣服，买鞋，买饼干，买冰糖葫芦。男孩子在床上玩鸡啄米，她靠着被窝用钩针给他钩一顶大红的毛线帽子。她很爱这个孩子。这种爱是完全非功利的，既不是讨丈夫的欢心，也不是为了和丈夫的儿子一家搞好关系。这是一颗很善良，很美的心。孩子叫她奶奶，奶奶笑了。

过了几天，她把孩子又送了回去。

过了两天，我去玉渊潭散步，养蜂人的棚子拆了，蜂箱集中在一起。等我散步回来，养蜂人的大儿子开来一辆卡车，把棚柱、木板、煤炉、锅碗和蜂箱装好，养蜂人两口子坐上车，卡车开走了。

玉渊潭的槐花落了。

首尾呼应：与开头"玉渊潭洋槐花盛开"遥相呼应，使文章浑然一体，结构完整。同时也有借景抒情的作用，借"槐花落了"表达作者对养蜂人离开的失落与怀念。

赏析

《人间草木》是一篇十分有名的散文，作者曾以这篇文章的名字来为后来的结集命名。之所以在"草木"前面加上"人间"二字，是因为文章并不是完全写"草木"，更重要的是写"人间"，有了人间，草木便有了情。

写《山丹丹》时，作者使用了拟人的修辞手法，最明显的一句是"山丹丹记得自己的岁数"。在这句中，山丹丹仿佛在向这个世界宣告："我知道你，请你也知道我。"

在写《枸杞》时，作者把重点放在了两位老人的情感上，枸杞只是载体,是人与草木之间沟通的桥梁。通过描写两位老人捡枸杞子,烘托了两位老人淡泊、厚道的品质,以及他们童心未泯、寻找乐趣的生活态度。同时,他们的品质与态度也烘托了枸杞,如后文作者在一家的门头上见到的那丛枸杞,它也具备这种淡然的品性。人与草木相互呼应,相互烘托,可见作者构思的巧妙。

在写《槐花》时,我们感受到的是人与人之间的情感。养蜂人和他的妻子之间的情感是纯洁而朴素的,令人感慨万分。"槐花"只是一个引子,起到了引出下文的作用,表达了人与人之间朴素而温馨的情感。

可以说,随着对这三种植物的记叙,草木背后的情感被不断地放大。从山丹丹本身,到枸杞背后老人的心境,再到采槐花蜜的养蜂夫妻的情感,都是由内而外散发的美好,由孤独到融洽的转换。这样一读,文章的线索就明了了。

读·思·悟

在这篇散文中,作者写了三种草木:山丹丹、枸杞、槐花。三种草木对应的分别是:孤独又顽强的生命、富有生活情趣的老两口、充满真情的养蜂夫妻。这样写作令人有种拾级而上的感觉,十分接地气。

人间草木茂盛生长,人间真情亦在平凡的生活中得到体现。如果能在描写事物时,将人与物之间的情感互动起来,寓情于物,文章就会更为巧妙。

葡萄月令

一月，下大雪。

雪静静地下着。果园一片白。听不到一点声音。

葡萄睡在铺着白雪的窖里。

二月里刮春风。

立春后，要刮四十八天"摆条风"。风摆动树的枝条，树醒了，忙忙地把汁液送到全身。树枝软了。树绿了。

雪化了，土地是黑的。

黑色的土地里，长出了茵陈蒿。碧绿。

葡萄出窖。

把葡萄窖一锹一锹挖开。挖下的土，堆在四面。葡萄藤露出来了，乌黑的。有的梢头已经绽开了芽苞，吐出指甲大的苍白的小叶。它已经等不

> **拟人修辞：**"等不及"是人所特有的情绪，作者把梢头开芽苞的小叶赋予人的性格特点，形象生动。

及了。

把葡萄藤拉出来，放在松松的湿土上。

不大一会，小叶就变了颜色，叶边发红；又不大一会，绿了。

三月，葡萄上架。

先得备料。把立柱、横梁、小棍，槐木的、柳木的、杨木的、桦木的，按照树棵大小，分别堆放在旁边。立柱有汤碗口粗的、饭碗口粗的、茶杯口粗的。一棵大葡萄得用八根、十根，乃至十二根立柱。中等的，六根、四根。

先刨坑，竖柱。然后搭横梁，用粗铁丝紧后搭小棍，用细铁丝缚住。

然后，请葡萄上架。把在土里趴了一冬的老藤扛起来，得费一点劲。大的，得四五个人一起来。"起！——起！"哎，它起来了。把它放在葡萄架上，把枝条向三面伸开，像五个指头一样地伸开，扇面似的伸开。然后，用麻筋在小棍上固定住。葡萄藤舒舒展展，凉凉快快地在上面待着。

上了架，就施肥。在葡萄根的后面，距主干一尺，挖一道半月形的沟，把大粪倒在里面。葡萄上大粪，不用稀释，就这样把原汁大粪倒下去。大棵的，得三四桶。小葡萄，一桶也就够了。

比喻修辞： 把枝条比喻成"五个指头"和"扇面"，形象地写出了枝条向三面伸开时的样子。

四月，浇水。

挖窖挖出的土，堆在四面，筑成垄，就成一个池子。池里放满了水。葡萄园里水汽泱泱，沁人心肺。

葡萄喝起水来是惊人的。它真是在喝！葡萄藤的组织跟别的果树不一样，它里面是一根一根细小的导管。这一点，中国的古人早就发现了。《图经》云："根苗中空相通。圃人将货之，欲得厚利，暮溉其根，而晨朝水浸子中矣，故俗呼其苗为木通。""暮溉其根，而晨朝水浸子中矣"，是不对的。葡萄成熟了，就不能再浇水了。再浇，果粒就会涨破。"中空相通"却是很准确的。浇了水，不大一会，它就从根直吸到梢，简直是小孩喝奶似的拼命往上喝。浇过了水，你再回来看看吧：梢头切断过的破口，就嗒嗒地往下滴水了。

> **引用修辞：** 引用古代的文献资料，证明古人早已发现葡萄藤"中空相通"。

是一种什么力量使葡萄拼命地往上吸水呢？

施了肥，浇了水，葡萄就使劲抽条、长叶子。真快！原来是几根枯藤，几天工夫，就变成青枝绿叶的一大片。

五月，浇水，喷药，打梢，掐须。

葡萄一年不知道要喝多少水，别的果树都不这样。别的果树都是刨一个"树碗"，往里浇几担水就得了，没有像它这样的："漫灌"，整池子地喝。

喷波尔多液。从抽条长叶，一直到坐果成熟，不知道要喷多少次。喷了波尔多液，太阳一晒，葡萄叶子就都变成蓝的了。

葡萄抽条，丝毫不知节制，它简直是瞎长！几天工夫，就抽出好长的一节的新条。这样长法还行呀，还结不结果呀？因此，过几天就得给它打一次条。葡萄打条，也用不着什么技巧，是个人就能干，拿起树剪，劈劈啪啪，把新抽出来的一截都给它铰了就得了。一铰，一地的长着新叶的条。

葡萄的卷须，在它还是野生的时候是有用的，好攀附在别的什么树木上。现在，已经有人给它好好地固定在架上了，就一点用也没有了。卷须这东西最耗养分——凡是作物，都是优先把养分输送到顶端，因此，长出来就给它掐了，长出来就给它掐了。

葡萄的卷须有一点淡淡的甜味。这东西如果腌成咸菜，大概不难吃。

五月中下旬，果树开花了。果园，美极了。梨树开花了，苹果树开花了，葡萄也开花了。

都说梨花像雪，其实苹果花才像雪。雪是厚重的，不是透明的。梨花像什么呢？——梨花的瓣子是月亮做的。

有人说葡萄不开花，哪能呢！只是葡萄花很

对比修辞：用苹果花与梨花做对比，写出了苹果花雪白，而梨花轻透的特点。

小，颜色淡黄微绿，不钻进葡萄架是看不出的。而且它开花期很短。很快，就结出了绿豆大的葡萄粒。

六月，浇水、喷药、打条、掐须。

葡萄粒长了一点了，一颗一颗，像绿玻璃料做的纽子。硬的。

葡萄不招虫。葡萄会生病，所以要经常喷波尔多液。但是它不像桃，桃有桃食心虫；梨，梨有梨食心虫。葡萄不用疏虫果。——果园每年疏虫果是要费很多工的。虫果没有用，黑黑的一个半干的球，可是它耗养分呀！所以，要把它"疏"掉。

比喻修辞： 将刚长了一点的葡萄粒比喻成"绿玻璃料做的纽子"，贴切生动地描述出葡萄粒的颜色、形态等特征。

七月，葡萄"膨大"了。

掐须、打条、喷药，大大地浇一次水。

追一次肥。追硫铵。在原来施粪肥的沟里撒上硫铵。然后，就把沟填平了，把硫铵封在里面。

汉朝是不会追这次肥的，汉朝没有硫铵。

八月，葡萄"着色"。

你别以为我这里是把画家的术语借用来了。不是的。这是果农的语言，他们就叫"着色"。

下过大雨，你来看看葡萄园吧，那叫好看！白的像白玛瑙，红的像红宝石，紫的像紫水晶，黑

> **比喻修辞**：用比喻的手法来描写葡萄的各种颜色，生动地写出了葡萄颜色的多与好看，让人生出联想。

的像黑玉。一串一串，饱满、瓷实、挺括，璀璨琳琅。你就把《说文解字》里的玉字偏旁的字都搬了来吧，那也不够用呀！

可是你得快来！明天，对不起，你全看不到了。我们要喷波尔多液了。一喷波尔多液，它们的晶莹鲜艳全都没有了，它们蒙上一层蓝兮兮、白糊糊的东西，成了磨砂玻璃。我们不得不这样干。葡萄是吃的，不是看的。我们得保护它。

过不两天，就下葡萄了。

一串一串剪下来，把病果、瘪果去掉，妥妥地放在果筐里。果筐满了，盖上盖，要一个棒小伙子跳上去蹦两下用麻筋缝的筐盖。——新下的果子，不怕压，它很结实，压不坏。倒怕是装不紧，咣里咣当的。那，来回一晃悠，全得烂！

葡萄装上车，走了。

去吧，葡萄，让人们吃去吧！

九月的果园像一个生过孩子的少妇，宁静、幸福而慵懒。

我们还给葡萄喷一次波尔多液。哦，下了果子，就不管了？人，总不能这样无情无义吧。

十月，我们有别的农活。我们要去割稻子。葡萄，你愿意怎么长，就怎么长着吧。

十一月，葡萄下架。

把葡萄架拆下来。检查一下，还能再用的，搁在一边。糟朽了的，只好烧火。立柱、横梁、小棍，分别堆垛起来。

剪葡萄条。干脆得很，除了老条，一概剪光。葡萄又成了一个大秃子。

剪下的葡萄条，挑有三个芽眼的，剪成二尺多长的一截，捆起来，放在屋里，准备明春插条。

其余的，连枝带叶，都用竹笤帚扫成一堆，装走了。

葡萄园光秃秃。

十一月下旬，十二月上旬，葡萄入窖。

这是个重活。把老本放倒，挖土把它埋起来。要埋得很厚实。外面要用铁锹拍平。这个活不能马虎。都要经过验收，才给记工。

葡萄窖，一个一个长方形的土墩墩。一行一行，整整齐齐地排列着。风一吹，土色发了白。

这真是一年的冬景了。热热闹闹的果园，现在什么颜色都没有了。眼界空阔，一览无余，只剩下发白的黄土。

下雪了。我们踏着碎玻璃碴似的雪，检查葡萄窖，扛着铁锹。

首尾呼应：文章以"一月，下大雪"为开头，结尾又以"下雪了"遥相呼应，给人周而复始的感觉，令文章变得圆融、完整。

一到冬天，要检查几次。不是怕别的，怕老鼠打了洞。葡萄窖里很暖和，老鼠爱往这里面钻。它倒是暖和了，咱们的葡萄可就受了冷啦！

赏析

这篇《葡萄月令》，描写的对象是葡萄，记述的线索是"月令"，即每月一记，共十二个月，写出葡萄每个月的生长情况和果农对葡萄的管理情况，全方位地展现出葡萄从冬眠开始，经过生长、开花、结果、下架，再次进入冬眠的一个循环过程。

本文是充满诗意的。这种诗意体现在对葡萄真实的描述之上，叙述看起来不急不缓，如"把葡萄藤拉出来，放在松松的湿土上""不大一会，小叶就变了颜色，叶边发红；又不大一会，绿了""葡萄藤舒舒展展，凉凉快快地在上面待着"等，这些语言朴实平常，通过作者的描述就如同一幅幅写意的画作一样，灵气陡增，诗意盎然。

本文是充满情趣的。情趣并非是凭空而来的，而是作者细致观察与生动描写的结果。作者在观察时，善于运用联想、想象。如"九月的果园像一个生过孩子的少妇，宁静、幸福而慵懒"，让人顿觉果园似乎有了生命，而且"她"的情绪也感染了读者；"碎玻璃碴似的雪"，使人对冬天的雪有了深刻的感受。文章既使读者学到了知识，又为读者带来了美的享受。

本文是充满知识的。《葡萄月令》如同一篇优秀的说明文，它介绍了一年之中葡萄的栽培、管理、采摘、收获等相关的知识，按照时间顺序来记述，令读者收获匪浅。

读·思·悟

本文叙事仿佛在勾勒一幅水墨丹青。作者用墨的黑和空间的白，勾勒出淡雅、悠远的生活画卷。作者眼里的葡萄是有性情的，作者喜悦地看着它慢慢长大，直至成熟。葡萄带给生活丰富的滋味——有苦有甜，有暖也有冷。作者用淡而有味的文笔，将葡萄的滋味融入平淡本真的生活。品葡萄的味道，也是品汪曾祺对待生活的态度。

- 写作百宝箱
- 作家创作谈
- 名人故事汇
- 名家作品集

扫码领取

花　园

茱萸小集二

在任何情形之下，那座小花园是我们家最亮的地方。虽然它的动人处不是，至少不仅在于这点。

每当家像一个概念一样浮现于我的记忆之上，它的颜色是深沉的。

祖父年轻时建造的几进，是灰青色与褐色的。我自小养育于这种安定与寂寞里。报春花开放在这种背景前是好的。它不致被晒得那么多粉。固然报春花在我们那儿很少见，也许没有，不像昆明。

曾祖留下的则几乎是黑色的，一种类似眼圈上的黑色（不要说它是青的），里面充满了影子。这些影子足以使供在神龛前的花消失。晚间点上灯，我们常觉那些布灰布漆的大柱子一直伸拔到无穷高处。神堂屋里总挂一只鸟笼，我相信即是现在也挂一只的。那只青裆子永远眯着眼假寐（我想它做个哲学家，似乎身子太小了）。只有巳时将尽，它唱一会，洗个澡，抖下一团小雾在伸展到廊内片刻的夕阳光影里。

一下雨，什么颜色都重郁起来，屋顶，墙，壁上花纸的图案，甚至鸽子：铁青子，瓦灰，点子，霞白。宝石眼的好处这时才显出来。于是我们，等斑鸠叫单声，在我们那个园里叫。等着一棵榆梅稍经一触，落下碎碎的瓣子，等着重新着色后的草。

我的脸上若有从童年带来的红色，它的来源是那座花园。

我的记忆有菖蒲的味道。然而我们的园里可没有菖蒲呵！它是哪儿来的？是哪些草？这是一个无法解决的问题。但是我此刻把它们没有理由地纠在一起。

"巴根草，绿茵茵，唱个唱，把狗听。"每个小孩子都这么唱过吧。有时什么也不做，我躺着，用手指绕住它的根，用一种不露锋芒的力量拉，听顽强的根胡一处一处断了。这种声音只有拔草的人自己才能听得见。当然我嘴里是含着一根草了。草根的甜味和它的似有若无的水红色是一种自然的巧合。

草被压倒了。有时我的头动一动，倒下的草又慢慢站起来。我静静地注视它，很久很久，看它的努力快要成功时，又把头枕上去，嘴里叫一声："嗯！"有时，不在意，怜惜它的苦心，就算了。这种性格呀！那些草有时会吓我一跳的，它在我的耳根伸起腰来了，当我看天上的云。

我的鞋底是滑的，草磨得它发了光。

莫碰臭芝麻，沾惹一身，嘻，难闻死人。沾上身了，不要用手指去掐，用刷子刷。这种籽有带钩的毛，讨嫌死了。至今我不能忘记它。因为我急于要捉住那个"嘟溜"（一种蝉，叫得最好听），我举着我的网，蹑手蹑脚，抄近路过去，循它的声音找着时，拍，得了，可是回去，我一身都是那种臭玩意。想想我捉过多少"嘟溜"！

我觉得虎耳草有一种腥味。

紫苏的叶子上的红色呵，暑假快过去了。

那棵大垂柳上常常有天牛，有时一个，两个的时候更多。它们总像有一桩事情要做，六只脚不停地运动，有时停下来，那动着的便是两根有节的触须了。我们以为天牛触须有一节它就有一岁。捉天牛用手，不是如何困难的工作，即使它在树枝上转来转去，你等一个合适地点动手。常把脖子弄累了，但是失望的时候很少。这小小生物完全如一个有教养惜身份的绅士，行动从容不迫：虽有翅膀，可从不想到飞；即是飞，也不远。一捉住，它便吱吱扭扭地叫，表示不同意，然而行为依然是温文尔雅的。黑地白斑的天牛最多，也有极瑰丽颜色的。有一种还似乎带点玫瑰香味。天牛的玩法是用线扣在脖子上看它走。令人想起……不说也好。

蟋蟀已经变成大人玩意了。但是大人的兴趣在斗，而我们对于捉蟋蟀的兴趣恐怕要更大些。我看过一本秋虫谱，上面除了苏东坡、米南宫，还有许多济颠和尚说的话，都神乎其神的，不大好懂。捉到一个蟋蟀，我不能看出它颈子上的细毛是瓦青还是朱砂，它的牙是米牙还是菜牙，但我仍然是那么欢喜。听，嚯嚯嚯嚯，哪里？这儿是的，这儿了！用草掏，手扒，水灌，嚯，蹦出来了。顾不得螺螺藤拉了手，扑，追着扑。有时正在外面玩得很好，忽然想起我的蟋蟀还没喂呢，于是赶紧回家。我每吃一个梨，一段藕，吃石榴吃菱，都要分给它一点。正吃着晚饭，我的蟋蟀叫了。我会举着筷子听半天，听完了对父亲笑笑，得意极了。一捉蟋蟀，那就整个园子都得翻个身。我最怕翻出那种软软的鼻涕虫。

有的蝉不会叫，我们称之为哑巴。捉到哑巴比捉到"红娘"更坏。但哑巴也有一种玩法。用两个马齿苋的瓣子套起它的眼睛，那是刚刚合适的，仿佛马齿苋的瓣子天生就为了这种用处才长成那么个小口袋样子，一放手，哑巴就一直向上飞，决不偏斜转弯。

蜻蜓一个个选定地方息下，天就快晚了。有一种通身铁色的蜻蜓，翅膀较窄，称"鬼蜻蜓"。看它款款地飞在墙角花阴，不知什么道理，心里有一种说不出来的难过。

好些年不看到土蜂了。这种蠢头蠢脑的家伙，我觉得它也在花朵上把屁股撅来撅去的，有点不配，因此常常愚弄它。土蜂是在泥地上掘洞当做窠的。看它从洞里把个有绒毛的小脑袋钻出来（那神气像个东张西望的近视眼），嗡，飞出去了，我便用一点点湿泥把那个洞封好，在原来的旁边给它重掘一个，等着，一会，它拖着肚子回来了，找呀找，找到我掘的那个洞，钻进去，看看，不对，于是在四近大找一气。我会看着它那副急样笑个半天。或者，干脆看它进了洞，用一根树枝塞起来，看它从别处开了洞再出来。好容易，可重见天日了，它老先生于是坐在新大门旁边息息，吹吹风。神情中似乎是生了一点气，因为到这时已一声不响了。

祖母叫我们不要玩螳螂，说是它吃了土谷蛇的脑子，肚里会生出一种铁线蛇,缠到马脚脚就断,什么东西一穿就过去了,穿到皮肉里怎么办?

它的眼睛如金甲虫,飞在花丛里五月的夜。

故乡的鸟呵。我每天醒在鸟声里。我从梦里就听到鸟叫,直到我醒来。我听得出几种极熟悉的叫声,那是每天都叫的,似乎每天都在那个固定的枝头。

有时一只鸟冒冒失失飞进那个花厅里,于是大家赶紧关门,关窗子,吆喝,拍手,用书扔,竹竿打,甚至把自己帽子向空中摔去。可怜的东西这一来完全没了主意,只是横冲直撞地乱飞,碰在玻璃上,弄得一身蜘蛛网,最后大概都是从两椽之间空隙脱走。

园子里时时晒米粉,晒灶饭,晒碗儿糕。怕鸟来吃,都放一片红纸。为了这个警告,鸟照例就不来,我有时把红纸拿掉让它们大吃一阵,到觉得它们太不知足时便大喝一声赶去。

我为一只鸟哭过一次。那是一只麻雀或是癞花。也不知从什么人处得来的,欢喜得了不得,把父亲不用的细篾笼子挑出一个最好的来给它住,配一个最好的雀碗,在插架上放了一个荸荠,安了两根风藤跳棍,整整忙了一半天。第二天起得格外早,把它挂在紫藤架下。正是花开的时候,我想是那全园最好的地方了。一切弄得妥妥当当后,独自还欣赏了好半天,我上学去了。一放学,急急回来,带着书便去看我的鸟。笼子掉在地下,碎了,雀碗里还有半碗水。"我的鸟,我的鸟呢!"父亲正在给碧桃花接枝,听见我的声音,忙走过来,把笼子拿起来看看,说:"你挂得太低了,鸟在大伯的玳瑁猫肚子里了。"哇的一声,我哭了。父亲推着我的头回去,一面说:"不害羞,这么大人了。"

有一年，园里忽然来了许多夜哇子。这是一种鹭鸶属的鸟，灰白色，据说它们头上那根毛能破天风。所以有那么一种名，大概是因为它们的叫声如此吧。故乡古话说这种鸟常带来幸运。我见它们吃吃喳喳做窠了，我去告诉祖母，祖母去看了看，没有说什么话。我想起它们来了，也有一天会像来了一样又去了的。我尽想，从来处来，从去处去，一路走，一路望着祖母的脸。

园里什么花开了，常常是我第一个发现。祖母的佛堂里那个铜瓶里的花常常是我换新。对于这个孝心的报酬是有须掐花供奉时总让我去，父亲一醒来，一股香气透进帐子，知道桂花开了，他常是坐起来，抽支烟，看着花，很深远地想着什么。冬天，下雪的冬天，一早上，家里谁也还没有起来，我常去园里摘一些冰心腊梅的朵子，再掺着鲜红的天竺果，用花丝穿成几柄，清水养在白瓷碟子里，放在妈（我的第一个继母）和二伯母妆台上，再去上学。我穿花时，服侍我的女用人小莲子，常拿着掸帚在旁边看，她头上也常戴着我的花。

我们那里有这么个风俗，谁拿着掐来的花在街上走，是可以抢的，表姐姐们每带了花回去，必是坐车。她们一来，都得上园里看看，有什么花开得正好，有时竟是特地为花来的。掐花的自然又是我。我乐于干这项差事。爬在海棠树上，梅树上，碧桃树上，丁香树上，听她们在下面说："这枝，哎，这枝这枝，再过来一点，弯过去的，喏，哎，对了对了！"冒一点险，用一点力，总给办到。[①]有时我也贡献一点意见，以为某枝已经盛开，不两天就全落在台布上了，某枝花虽不多，样子却好。有时我陪花跟她们一道回去，路上看见有人

[①] 爬树有危险，摘花是不文明的，请不要模仿。

看过这些花一眼，心里非常高兴。碰到熟人同学，路上也会分一点给她们。

想起绣球花，必连带想起一双白缎子绣花的小拖鞋，这是一个小姑姑房中东西。那时候我们在一处玩，从来只叫名字，不叫姑姑。只有时写字条时如此称呼，而且写到这两个字时心里颇有种近于滑稽的感觉。我轻轻揭开门帘，她自己若是不在，我便看到这两样东西了。太阳照进来，令人明白感觉到花在吸着水，仿佛自己真分享到吸水的快乐。我可以坐在她常坐的椅子上，随便找一本书看看，找一张纸写点什么，或有心无意地画一个枕头花样，把一切再恢复原来样子，不留什么痕迹，又自去了。但她大都能发觉谁来过了。到第二天碰到，必指着手说："还当我不知道呢。你在我绷子上戳了两针，我要拆下重来了！"那自然是吓人的话。那些绣球花，我差不多看见它们一点一点地开，在我看书做事时，它们会无声地落两片在花梨木桌上。绣球花可由人工着色。在瓶里加一点颜色，它们便会吸到花瓣里。除了大红的之外，别种颜色看上去都极自然。我们常以骗人说是新得的异种。这只是一种游戏，姑姑房里常供的仍是白的。为什么我把花跟拖鞋画在一起呢？真不可解。——姑姑已经嫁了，听说日子极不如意。绣球快开花了，昆明渐渐暖起来。

花园里旧有一间花房，由一个花匠管理。那个花匠仿佛姓夏。关于他的机灵促狭，和女人方面的恩怨，有些故事常为旧日佣仆谈起，但我只看到他常来要钱，样子十分狼狈，局局促促，躲避人的眼睛，尤其是说他的故事的人的。花匠离去后，花房也跟着改造园内房屋而拆掉了。那时我认识花名极少，只记得黄昏时，夹竹桃特别红，我忽然又害怕起来，急急走回去。

我爱逗弄含羞草。触遍所有叶子，看都合起来了，我自低头看我的书，偷眼瞧它一片片地开张了，再猝然又来一下。他们都说这是不好的，有什么不好呢？

荷花像是清明栽种。我们吃吃螺蛳，抹抹柳球，便可看佃户把马粪倒在几口大缸里盘上藕秧，再盖上河泥。我们在泥里找蚬子、小虾，觉得这些东西搬了这么一次家，是非常奇怪有趣的事。缸里泥晒干了，便加点水，一次又一次，有一天，紫红色的小觜子冒出来了水面，夏天就来了。赞美第一朵花。荷叶上哗啦哗响了，母亲便把雨伞寻出来，小莲子会给我送去。

大雨忽然来了。一个青色的闪照在枫树上，我赶紧跑到柴草房里去。那是距我所在处最近的房屋。我爬上堆近屋顶的芦柴上，听水从高处流下来，响极了。訇——空心的老桑树倒了，葡萄架塌了，我的四近越来越黑了，雨点在我头上乱跳。忽然一转身，墙角两个碧绿的东西在发光！哦，那是我常看见的老猫。老猫又生了一群小猫了。原来它每次生养都在这里。我看它们攒着吃奶，听着雨，雨慢慢小了。

那棵龙爪槐是我一个人的。我熟悉它的一切好处，知道哪个枝子适合哪种姿势。云从树叶间过去。壁虎在葡萄上爬。杏子熟了。何首乌的藤爬上石笋了，石笋那么黑。蜘蛛网上一只苍蝇。蜘蛛呢？花天牛半天吃了一片叶子，这叶子有点甜么，那么嫩。金雀花那儿好热闹，多少蜜蜂！波——金鱼吐出一个泡，破了，下午我们去捞金鱼虫。香橼花蒂的黄色仿佛有点忧郁，别的花是飘下，香橼花是掉下的，花落在草叶上，草稍微低头又弹起。大伯母掐了枝珠兰戴上，回去了。大伯母的女儿，堂姐姐看金鱼，看见了自己。石榴花开，玉兰花开，祖母来了。"莫掐了，回去看看，瓶里是什么？""我下来了，下来扶您。"

　　槐树种在土山上，坐在树上可看见隔壁佛院。看不见房子，看到的是关着的那两扇门，关在门外的一片菜园。门里是什么岁月呢？钟鼓整日敲，那么悠徐，那么单调，门开时，小尼姑来抱一捆草，打两桶水，随即又关上了。水咚咚地滴回井里。那边有人看我，我忙把书放在眼前。

　　家里宴客，晚上小方厅和花厅有人吃酒打牌（我记得有个人吹得极好的笛子）。灯光照到花上、树上，令人极欢喜也十分忧郁。点一个纱灯，从家里到园里，又从园里到家里，我一晚上总不知走了无数趟。有亲戚来去，多是我照路，说哪里高，哪里低，哪里上阶，哪里下坎。若是姑妈舅母，则多是扶着我肩膀走。人影人声都如在梦中。但这样的时候并不多。平日夜晚园子是锁上的。

　　小时候胆小害怕，黑魆魆的，树影风声，令人却步。而且相信园里有个"白胡子老头子"，一个土地花神，晚上会出来，在那个土山后面，花树下，冉冉地转圈子，见人也不避让。

　　有一年夏天，我已经像个大人了，天气郁闷，心上另外又有一点小事使我睡不着，半夜到园里去。一进门，我就停住了。我看见一个火星。咳嗽一声，招我前去，原来是我的父亲。他也正因为睡不着觉在园中徘徊。我搬了一张藤椅坐下，我们一直没有说话。那一次，我感觉我跟父亲靠得近极了。

　　四月二日。月光清极。夜气大凉。似乎该再写一段作为收尾，但又似无须了。便这样吧，日后再说。逝者如斯。

（文章有删减）

赏析

在这篇文章当中，作者用孩子似的口吻，用平淡天真的语气，带领读者回到了他童年时期的花园。这座花园是丰富的，到处都有令人眼前一亮的事物，他像一个带人到梦中畅游的导游，引领着读者观看他的心爱之物，把他的秘密一点一点地披露出来：含在嘴里的巴根草，有腥味的虎耳草，捉蟋蟀，为被猫吃掉的鸟而哭，能带来幸运的夜哇子，清早去摘花，夏天里的荷花……这些美妙的回忆，与文首所描述的家的颜色是深沉的完全相反。在对比当中，读者会更为深刻地感受到作者童年的花园是多么富有魅力。

在描写过程中，作者的用词十分灵活。他描述花园时实实在在、平平淡淡，但他的那种少年情怀无处不在，都融进了文字当中，融情于景，情景交融，展现出了作者对儿时花园的喜爱之情。

作者在最后写他同父亲一样因睡不着而徘徊在花园中，那种近在咫尺的感情忽然让人有种欣慰的感觉，欣慰于父子的亲近。作者以此作为结尾，表明了自己对成长的理解和对过去时光的怀念。

读·思·悟

《花园》是作者早期的作品，写于1945年，当时他二十五岁。从这篇文章的创作水平上，我们能够发现作者很早就显示出了他的写作天赋。他有着别人所不具备的特质，那就是敏锐的观察力和独特的观察角度。作者对自己身边所熟悉的事物十分留意，即便十分平常的事物仍用心观察，用心捕捉。

大自然是我们取之不尽、用之不竭的写作源泉。大自然的颜色、声音、味道，即便不起眼的微小事物，也都可以成为我们写作的源泉。

夏天的昆虫

蝈　蝈

蝈蝈我们那里叫做"叫蚰子"。因为它长得粗壮结实，样子也不大好看，还特别在前面加一个"侉"字，叫做"侉叫蚰子"。这东西就是会呱呱地叫。有时嫌它叫得太吵人了，在它的笼子上拍一下，它就大叫一声："呱！——"停止了。它什么都吃。据说吃了辣椒更爱叫，我就挑顶辣的辣椒喂它。早晨，掐了南瓜花（谎花）喂它，只是取其好看而已。这东西是咬人的。有时捏住笼子，它会从竹篾的洞里咬你的指头肚子一口。

别有一种秋叫蚰子，较晚出，体小，通体碧绿如玻璃料，叫声轻脆。秋叫蚰子养在牛角做的圆盒中，顶面有一块玻璃。我能自己做这种牛角盒子。要紧的是弄出一块大小合适的圆玻璃。把玻璃放在水盆里，用剪子剪，则不碎裂。秋叫蚰子价钱比侉叫蚰子贵得多。养好了，可以越冬。

叫蚰子是可以吃的。得是三尾的，腹大多子。扔在枯树枝火中，一会就熟了。味极似虾。

蝉

蝉大别有三类。一种是"海溜",最大,色黑,叫声洪亮。这是蝉里的"楚霸王",生命力很强。我曾捉了一只,养在一个断了发条的旧座钟里,活了好多天。一种是"嘟溜",体较小,绿色而有点银光,样子最好看,叫声也好听,"嘟溜——嘟溜——嘟溜"。一种叫"叽溜",最小,暗赭色,也是因其叫声而得名。

蝉喜欢栖息在柳树上。古人常画"高柳鸣蝉",是有道理的。北京的孩子捉蝉用粘竿,——竹竿头上涂了粘胶。我们小时候则用蜘蛛网。选一根结实的长芦苇,一头撅成三角形,用线缚住,看见有大蜘蛛网就一绞,三角里络满了蜘蛛网,很黏。瞅准了一只蝉,轻轻一捂,蝉的翅膀就被粘住了。

佝偻丈人承蜩,不知道用的是什么工具。

蜻　蜓

家乡的蜻蜓有四种。

一种极大,头胸浓绿色,腹部有黑色的环纹,尾部两侧有革质的小圆片,叫做"绿豆钢"。这家伙厉害得很,飞时巨大的翅膀磨得嚓嚓地响。或捉之置室内,它会对着窗玻璃猛撞。

一种即常见的蜻蜓，有灰蓝色和绿色的。蜻蜓的眼睛很尖，但到黄昏后眼力就有点不济。它们栖息着不动，从后面轻轻伸手，一捏就能捏住。玩蜻蜓有一种恶作剧的玩法：掐一根狗尾巴草，把草茎插进蜻蜓的屁股，一撒手，蜻蜓就带着狗尾草的穗子飞了。

一种是红蜻蜓。不知道什么道理，说这是灶王爷的马。

另有一种纯黑的蜻蜓，身上、翅膀都是深黑色，我们叫它鬼蜻蜓，因为它有点鬼气。也叫"寡妇"。

刀　螂

刀螂即螳螂。螳螂是很好看的。螳螂的头可以四面转动。螳螂翅膀嫩绿，颜色和脉纹都很美。昆虫翅膀好看的，为螳螂，为纺织娘。

或问：你写这些昆虫什么意思？答曰：我只是希望现在的孩子也能玩玩这些昆虫，对自然发生兴趣。现在的孩子大都只在电子玩具包围中长大，未必是好事。

赏析

本文既可以说是一篇散文，也可以说是一篇说明文，它兼具两者的特点。说是散文，因为它具有一个"神"，那就是"夏天好玩的昆虫"；文章末尾也点明了写作目的，虽然形是散的，但是神集中。说是说明文，因为它使用了多种说明方法，最为明显的是分类别，如将蝈蝈分为伏叫蚰子、秋叫蚰子两种，将蝉分为海溜、嘟溜、叽溜三类，具备了说明文的基本特点。

其实，文体并不重要，重要的是作者在结构上的匠心独运。本文处处体现的都是昆虫好玩的特点，看似布局随意，但其中有详有略，最后一段，作者笔锋一转，转向了现在儿童的状况上来，提出希望他们能够对自然产生兴趣的期望，平淡中引人思考。

读·思·悟

作者写的都是平常的事物，语言如话家常。读完本文，你可能会有疑问，夏天的昆虫有许多，他为何只选择了这四种呢？这是因为它们具有相同的特点，那就是自然、有趣。

正如文章末尾的自问自答，他表示写这篇文章的目的很简单，就是希望现在的孩子能对自然产生兴趣，这样的目的让人动容。显然，这个目的达到了，我们在阅读过程中不仅增进了对这几种昆虫的了解，还想要去接触它们，如此，本文的价值便真正体现出来了。

写作百宝箱
作家创作谈
名人故事汇
名家作品集

扫码领取

腊梅花

"雪花、冰花、腊梅花……"我的小孙女这一阵老是唱这首儿歌。其实她没有见过真的腊梅花,只是从我画的画上见过。

周紫芝《竹坡诗话》云:"东南之有腊梅,盖自近时始。余为儿童时,犹未之见。元祐间,鲁直诸公方有诗,前此未尝有赋此诗者。政和间,李端叔在姑溪,元夕见之僧舍中,尝作两绝,其后篇云:'程氏园当尺五天,千金争赏凭朱栏。莫因今日家家有,便作寻常两等看。'观端叔此诗,可以知前日之未尝有也。"看他的意思,腊梅是从北方传到南方去的。但是据我的印象,现在倒是南方多,北方少见,尤其难见到长成大树的。我在颐和园藻鉴堂见过一棵,种在大花盆里,放在楼梯拐角处。因为不是开花的时候,绿叶披纷,没有人注意。和我一起住在藻鉴堂的几个搞剧本的同志,都不认识这是什么。

我的家乡有腊梅花的人家不少。我家的后园有四棵很大的腊梅。这四棵腊梅,从我记事的时候,就已经是那样大了。很可能是我的曾祖父在世的时候种的。这样大的腊梅,我以后在别处没有见过。主干有汤碗口粗细,并排种在一个砖砌的花台上。这四棵腊梅的花心是紫褐色的，按说这是名种，即所谓"檀心磬口"。腊梅有两种，一种是檀心的，一种是白心的。我的家乡偏重白心的，美其名曰"冰心腊梅"，而将檀心的贬为"狗心腊梅"。腊梅和狗有什么关系呢？真是毫无道理！因为它是狗心的，我们也就不大看得起它。

不过凭良心说，腊梅是很好看的。其特点是花极多，——这也是我们不太珍惜它的原因。物稀则贵，这样多的花，就没有什么稀罕了。每个枝条上都是花，无一空枝。而且长得很密，一朵挨着一朵，挤成了一串。这样大的四棵大腊梅，满树繁花，黄灿灿地吐向冬日的晴空，那样地热热闹闹，而又那样地安安静静，实在是一个不寻常的境界。不过我们已经司空见惯，每年都有一回。

每年腊月，我们都要折腊梅花。上树是我的事。腊梅木质疏松，枝条脆弱，上树是有点危险的。不过腊梅多枝杈，便于登踏，而且我

年幼身轻，正是"一日上树能千回"的时候，从来也没有掉下来过。我的姐姐在下面指点着："这枝，这枝！——哎，对了，对了！"我们要的是横斜旁出的几枝，这样的不蠢；要的是几朵半开，多数是骨朵的，这样可以在瓷瓶里养好几天——如果是全开的，几天就谢了。

下雪了，过年了。大年初一，我早早就起来，到后园选摘几枝全是骨朵的腊梅，把骨朵都剥下来，用极细的铜丝——这种铜丝是穿珠花用的，就叫做"花丝"，把这些骨朵穿成插鬓的花。我们县北门的城门口有一家穿珠花的铺子，我放学回家路过，总要钻进去看几个女工怎样穿珠花，我就用她们的办法穿成各式各样的腊梅珠花。我在这些腊梅珠子花当中嵌了几粒天竺果，——我家后园的一角有一棵天竺。黄腊梅、红天竺，我到现在还很得意：那是真很好看的。我把这些腊梅珠花送给我的祖母，送给大伯母，送给我的继母。她们梳了头，就插戴起来。然后，互相拜年。我应该当一个工艺美术师的，写什么小说！

赏析

本文是《人间草木》散文集中的一篇，发表于杂志《作家》，其中最有名的是文章的最后一句："我应该当一个工艺美术师的，写什么小说！"作者以自己要当工艺美术师、不写小说的想法，烘托出了腊梅花的美好漂亮，表达了自己对腊梅花割舍不断的情缘。

文中对腊梅花的描绘相当巧妙，抑中有扬，贬中有褒。比如"物稀则贵，这样多的花，就没有什么稀罕了"，可以说是贬抑，丝毫没有赞美的成分。"实在是一个不寻常的境界"则充满了赞美；更有甚者，还为其中的"狗心腊梅"喊冤："腊梅和狗有什么关系呢？真是毫无道理！"作者这样写，既不让读者觉得作者对"冰心腊梅"有所偏心，同时又展现出"狗心腊梅"别样的特点。

在写自己与腊梅花的故事时，作者的语言、动作描写极为生动，如："这枝，这枝！——哎，对了，对了！"极为生活化的语言形象地展现出当时摘腊梅花的情形，营造出了一种生活气息浓厚的场景来。在写穿腊梅珠花时，作者熟练而准确地使用"摘""剥""穿""嵌"等动词，展现出自己用"花丝"穿腊梅珠花的手艺之巧妙。同时，作者又描写家人都戴着自己做的腊梅珠花拜年，从侧面烘托出了自己手艺的巧妙以及腊梅花的美丽。

另外，本文有一定的知识内涵。在第二段，作者引用了周紫芝的《竹坡诗话》，并根据自己的所见所闻提出了一些自己的看法，使得文章可读性大增。

读·思·悟

作者写过许多花，在他的笔下，每种花都有灵性。本文所写的腊梅花也有它的灵性：好看、花多。在写家中的四棵腊梅时，作者就突出了这两个特点。特别是文末，作者写自己穿腊梅珠花，更是从侧面烘托出腊梅的这两个特点来。

描写一件事物，我们首先要抓住这件事物的独特之处，然后通过各种修辞手法，对其进行细致的描写，把其特点展现出来，这样文章才能够令人印象深刻。

紫　薇

唐朝人也不是都能认得紫薇花的。《韵语阳秋》卷第十六："白乐天诗多说别花，如《紫薇花诗》云'除却微之见应爱，世间少有别花人'……今好事之家，有奇花多矣，所谓别花人，未之见也。鲍溶作《仙檀花诗》寄袁德师侍御，有'欲求御史更分别'之句，岂谓是邪？"这里所说的"别"是分辨的意思。白居易是能"别"紫薇花的，他写过至少三首关于紫薇的诗。

《韵语阳秋》云：

白乐天作中书舍人，入直西省，对紫薇花而有咏曰："丝纶阁下文章静，钟鼓楼中刻漏长。独坐黄昏谁是伴，紫薇花对紫薇郎。"后又云："紫薇花对紫薇翁，名目虽同貌不同。"则此花之珍艳可知矣。爪其本则枝叶俱动，俗谓之"不耐痒花"。自五月开至九月尚烂熳，俗又谓之"百日红"。唐人赋咏，未有及此二事者。本朝梅圣俞时注意此花。一诗赠韩子华，则曰"薄肤痒不胜轻爪，嫩干生宜近禁庐"；一诗赠王景彝，则曰"薄薄嫩肤搔鸟爪，离离碎叶剪城霞"。然皆著不耐痒事，而未有及百日红者。胡文恭在西掖前亦有三诗，其一云:"雅当翻药地,繁极曝衣天。"注云:"花至七夕犹繁。"似有百日红之意,可见当时此花之盛。省吏相传,咸平中,李昌武自别墅移植于此。晏元献尝作赋题于省中,所谓"得自羊墅,来从召园。有昔日之绎老,无当时之仲文"是也。

对于年轻的读者,需要做一点解释,"紫薇花对紫薇郎"是什么意思?紫薇花亦作紫薇郎,唐代官名,即中书侍郎。《新唐书·百官志二》注:"开元元年,改中书省曰紫薇省,中书令曰紫薇令。"白居易曾为中书侍郎,故自称紫薇郎。中书侍郎是要到宫里值班的,独自坐在办公室里,不免有些寂寞,但是这也不是一般人所能谋得到的差事,诗里又透出几分得意。"紫薇花对紫薇郎",使人觉得有点罗曼蒂克,其实没有。不过你要是有一点罗曼蒂克的联想,也可以。石涛和尚画过一幅紫薇花,题的就是白居易的这首诗。紫薇颜色很娇,画面很美,更易使人产生这是一首情诗的错觉。

从《韵语阳秋》的记载,我们可以知道两件事。一是"爪其本则枝叶俱动"。紫薇的树干的外皮易脱落,露出里面的"嫩肤",嫩肤上留下外皮脱落后留下的一片一片的青色和白色的云斑。用指甲搔搔树干的嫩肤,确实是会枝叶俱动的。宋朝人叫它"不耐痒花",现在很多地方叫它"怕痒痒树"或"痒痒树"。这到底是什么道理,好像没有人解释过。二是花期甚长。这是夏天的花。胡文恭说它"繁极曝衣天",白居易说它"独占芳菲当夏景,不将颜色托春风"。但是它"花至七夕犹繁"。我甚至在飘着小雪的天气,还看见一棵紫薇依然开着仅有的一穗红花!

我家的后园有一棵紫薇。这棵紫薇有年头了,主干有茶杯口粗,高过屋檐。一到放暑假,它开起花来,真是"繁"得不得了。紫薇花是六瓣的，但是花瓣皱缩，瓣边还有很多不规则的缺刻，所以根本分不清它是几瓣，只是碎碎叨叨的一球，当中还射出许多花须、花蕊。一个枝子上有很多朵花。一棵树上有数不清的枝子。真是乱。乱红成阵。乱成一团。简直像一群幼儿园的孩子放开了又高又脆的小嗓子一起乱嚷嚷。在乱哄哄的繁花之间还有很多赶来凑热闹的黑蜂。这种蜂不是普通的蜜蜂，个儿很大，有指头顶那样大，黑的，就是齐白石爱画的那种。我到现在还叫不出这是什么蜂。这种大黑蜂分量很重。它一落在一朵花上，抱住了花须，这一穗花就叫它压得沉了下来。它起翅飞去，花穗才挣回原处，还得哆嗦两下。

  大黑蜂不像马蜂那样会做窠。它们也不像马蜂一样地群居，是单个生活的。在人家房檐的椽子下面钻一个圆洞，这就是它的家。我常常看见一个大黑蜂飞回来了，一收翅膀，钻进圆洞，就赶紧用一根细细的帐竿竹子捅进圆洞，来回地拧，它就在洞里嗯嗯地叫。我把竹竿一拔，啪的一声，它就掉到了地上。我赶紧把它捉起来[①]，放进一个玻璃瓶里，盖上盖——瓶盖上用洋钉凿了几个窟窿。瓶子里塞了好些紫薇花。大黑蜂没有受伤，它只是摔晕过去了。过了一会，它缓醒过来了，就在花瓣之间乱爬。大黑蜂生命力很强，能活几天。我老幻想它能在瓶里待熟了，放它出去，它再飞回来。可是不知什么时候，它仰面朝天，死了。

  紫薇原产于中国中部和南部。白居易诗云："浔阳官舍双高树，兴善僧庭一大丛。何似苏州安置处，花堂栏下月明中。"这些都是偏南的地方。但是北方很早就有了，如长安。北京过去也有，但很少

[①] 捉大黑蜂的行为很危险，在生活中我们不能这样做。

（北京人多不识紫薇）。近年北京大量种植，到处都是。街心花园几乎都有。选择这种花木来美化城市环境是很有道理的，因为它花繁盛，颜色多（多为胭脂红，也有紫色和白色的），花期长。但是似乎生长得很慢。密云水库大坝下的通道两侧，隔不远就有一棵紫薇。我每年夏天要到密云开一次会，年年到坝下散步，都看到这些紫薇。看了四年，它们好像还是那样大。

比起北京雨后春笋一样耸立起来的高楼，北京的花木的生长就显得更慢。因此，对花木要倍加爱惜。

赏析

作者的《紫薇花》里有平淡、朴质而浪漫的情趣。

"繁"盛的紫薇花富有浪漫的"小"情韵。

全文扣住一个"繁"字写出紫薇花美。紫薇花之"繁"在于花朵多、花色艳丽和花期长。作者紧扣紫薇花的"繁"，从白居易的诗中领略紫薇花的美。白居易能辨别紫薇花，石涛和尚将"紫薇花对紫薇郎"入了画，当文雅的人与繁盛的花相遇，注定会有浪漫的情趣。所以作者一路从过去寻到现在，从诗画中寻到生活中，亲见"飘着小雪的天气，还看见一棵紫薇依然开着仅有的一穗红花"。这"飘飞小雪"和"一穗红花"，那么小巧灵动地点缀在生活里，让原本浮躁的生活灵动淡远，让原本普通的日子丰富而有情韵。

活泼的大黑蜂有世俗中的"大"乐趣。

作者写记忆里老家后园的紫薇花，那如孩童般嬉戏绽放的一树繁花，吸引了来凑热闹的大黑蜂。那大黑蜂"抱住了花须，这一穗花就叫它压得沉了下来"，它振翅起飞，"花穗才挣回原处，还得哆嗦两下"。这时的紫薇花就像一个怕痒痒的孩子一样，活泼灵动地呈现在眼前。"哆嗦"一词让有情有趣的"紫薇郎"成了活泼灵动的"紫薇娃",面对强大的大黑蜂,即便"挣"回原处,也忍不住抖两下,实在让人忍俊不禁。作者笔墨集中描写大黑蜂的"趣",实际是借大黑蜂之趣写紫薇的灵动之美。

全文动静结合,用平淡、朴质的语言描写紫薇花旺盛的生命力和盎然的情趣,抒发了作者对平凡生活的热爱,彰显了作者洒脱自娱的生活态度。

紫薇花是美丽的,紫薇趣是雅致的,紫薇郎是有赤子情怀的。

读·思·悟

中国人爱花,更爱与花"对话"。陶渊明与菊花语"悠然",周敦颐与莲花语"君子",陆游与梅花语"香如故",龚自珍与落花语"护花"。与花对话能净化心灵、提升精神,从花语中我们总能读出人们的赤子情怀。汪曾祺与人间草木对话,领悟真情。花静静地开,他静静地赏。不粉饰、不雕琢,紫薇花在作者笔下美不胜收,人和花徜徉在天地间,皆自得其乐。所以一定要"倍加爱惜",要爱惜人间草木自然之美;更要爱惜心中追求精神之美的真性情。

北京的秋花

桂　花

桂花以多为胜。《红楼梦》薛蟠的老婆夏金桂家"单有几十顷地种桂花",人称"桂花夏家"。"几十顷地种桂花",真是一个大观！四川新都桂花甚多。杨升庵祠在桂湖,环湖植桂花,自山坡至水湄,层层叠叠,都是桂花。我到新都谒升庵祠,曾作诗:

桂湖老桂发新枝,

湖上升庵旧有祠。

一种风流谁得似,

状元词曲罪臣诗。

杨升庵是才子,以一甲一名中进士,著作有七十种。他因"议大礼"获罪,充军云南,七十余岁,客死于永昌。陈老莲曾画过他的像,"醉则簪花满头",面色酡红,是喝醉了的样子。从陈老莲的画像看,升庵是个高个儿的胖子。但陈老莲恐怕是凭想象画的,未必即像升庵。新都人为他在桂湖建祠,升庵死若有知,亦当欣慰。

北京桂花不多，且无大树。颐和园有几棵，没有什么人注意。我曾在藻鉴堂小住，楼道里有两棵桂花，是种在盆里的，不到一人高！

我建议北京多种一点桂花。桂花美阴，叶坚厚，入冬不凋。开花极香浓，干制可以做元宵馅、年糕。既有观赏价值，也有经济价值，何乐而不为呢？

菊　花

秋季广交会上摆了很多盆菊花。广交会结束了，菊花还没有完全开残。有一个日本商人问管理人员："这些花你们打算怎么处理？"答云："扔了！"——"别扔，我买。"他给了一点钱，把开得还正盛的菊花全部包了，订了一架飞机，把菊花从广州空运到日本，张贴了很大的海报——"中国菊展"。卖门票，参观的人很多。他捞了一大笔钱。这件事叫我有两点感想：一是日本商人真有商业头脑，任何赚钱的机会都不放过，我们的管理人员是老爷，到手的钱也抓不住；二是中国的菊花好，能得到日本人的赞赏。

中国人长于艺菊，不知始于何年，全国有几个城市的菊花都负盛名，如扬州、镇江、合肥，黄河以北，当以北京为最。

菊花品种甚多，在众多的花卉中也许是最多的。

首先，有各种颜色。最初的菊大概只有黄色的。"鞠有黄华""零落黄花满地金"，"黄华"和菊花是同义词。后来就发展到什么颜色都有了。黄色的、白色的、紫的、红的、粉的，都有。挪威的散文家别伦·别尔生说各种花里只有菊花有绿色的，也不尽然，牡丹、芍药、月季都有绿的，但像绿菊那样绿得像初新的嫩蚕豆那样，确乎是没有。我几年前回乡，在公园里看到一盆绿菊，花大盈尺。

其次，花瓣形状多样，有平瓣的、卷瓣的、管状瓣的。在镇江焦山见过一盆"十丈珠帘"，细长的管瓣下垂到地，说"十丈"当然不会，但三四尺是有的。

北京菊花和南方的差不多，狮子头、蟹爪、小鹅、金背大红……南北皆相似，有的连名字也相同。如一种浅红的瓣，极细而卷曲如一头乱发的，上海人叫它"懒梳妆"，北京人也叫它"懒梳妆"，因为得其神韵。

有些南方菊种北京少见。扬州人重"晓色"，谓其色如初日晓云，北京似没有。"十丈珠帘"，我在北京没见过。"枫叶芦花"，紫平瓣，有白色斑点，也没有见过。

我在北京见过的最好的菊花是在老舍先生家里。老舍先生每年要请北京市文联、文化局的干部到他家聚聚：一次是腊月，老舍先生的生日（我记得是腊月二十三）；一次是重阳节左右，赏菊。老舍先生的哥哥很会莳弄菊花。花很鲜艳；菜有北京特点（如芝麻酱炖黄花鱼、"盒子菜"）；酒"敞开供应"，既醉既饱，至今不忘。

我不赞成搞菊山菊海，让菊花都按部就班，排排坐，或挤成一堆，闹闹嚷嚷。菊花还是得一棵一棵地看，一朵一朵地看。更不赞成把菊花缚扎成龙、成狮子，这简直是糟蹋了菊花。

秋葵·鸡冠·凤仙·秋海棠

秋葵我在北京没有见过，想来是有的。秋葵是很好种的，在篱落、石缝间随便丢几个种子，即可开花。或不烦人种，也能自己开落。花瓣大、花浅黄，淡得近乎没有颜色，瓣有细脉，瓣内侧近花心处有紫色斑。秋葵风致楚楚，自甘寂寞。不知道为什么，秋葵让我想起女道士。秋葵亦名鸡脚葵,以其叶似鸡爪。

我在家乡县委招待所见一大丛鸡冠花,高过人头,花大如扫地笤帚,颜色深得吓人一跳。北京鸡冠花未见有如此之粗野者。

凤仙花可染指甲,故又名指甲花。凤仙花捣烂,少入矾,敷于指尖,即以凤仙叶裹之,隔一夜,指甲即红。凤仙花茎可长得很粗,湖南人或以入臭坛腌渍,以佐粥,味似臭苋菜秆。

秋海棠北京甚多,齐白石喜画之。齐白石所画,花梗颇长,这在我家那里叫做"灵芝海棠"。诸花多为五瓣,唯秋海棠为四瓣。北京有银星海棠,大叶甚坚厚,上洒银星,秆亦高壮,简直近似木本。我对这种孙二娘似的海棠不大感兴趣。我所不忘的秋海棠总是伶仃瘦弱的。我的生母得了肺病,怕"过人"——传染别人,独自卧病,在一座偏房里,我们都叫那间小屋为"小房"。她不让人去看她,我的保姆要抱我去让她看看,她也不同意。因此我对我的母亲毫无印象。她死后,这间"小房"成了堆放她的嫁妆的储藏室,成年锁着。我的继母偶尔打开,取一两件东西,我也跟了进去。"小房"外面有一个小天井,靠墙有一个秋叶形的小花坛,不知道是谁种了两三棵秋海棠,也没有人管它,它在秋天竟也开花。花色苍白,样子很可怜。不论在哪里,我每看到秋海棠,总要想起我的母亲。

黄栌·爬山虎

霜叶红于二月花。

西山红叶是黄栌，不是枫树。我觉得不妨种一点枫树，这样颜色更丰富些。日本枫娇红可爱，可以引进。

近年北京种了很多爬山虎，入秋，爬山虎叶转红。

沿街的爬山虎红了，

北京的秋意浓了。

赏析

《北京的秋花》写的是花，写的是秋，写的是北京，写的是人间情。

在作者的眼中，花是有花语的。桂花是才子杨升庵的；最好的菊花在老舍先生家里；秋海棠是齐白石画的，亦和薄命的母亲相连着；黄栌、爬山虎本不是花，但"霜叶红于二月花"，此叶更胜花，这当属神来之笔。秋意正浓，花里有人情。

文章借花写生活。全文通篇写的是秋花，平淡的笔触下却是浓浓的秋意，浓浓的生活味。桂花跟才子有关，而桂花干制后可以做元宵馅、年糕，既可观赏，又可品尝。后面作者写到秋海棠，联想到自己的母亲。母亲因为生病独自生活在一个小屋里，怕传染不让人去看，导致"我"对母亲没什么印象，小屋边开着秋海棠，所以看到秋海棠就想起母亲。在这些平淡的语言中，没有大起大伏的抒情，但让人咀嚼到生活的味道。所有的才气和浪漫、悲伤、痛苦糅在一起，化在生活里被裹成馅，化作酸甜苦辣的味道，在岁月里流转芬芳。

文中没有华丽的辞藻，作者对秋的喜爱，对北京的花的热情，

文学名家 作品精选

在平静淡雅的文字当中为我们展现出来，淡而有味，心中有情。作者的构思也非常巧妙独特。从文人爱的桂花、菊花，到秋葵、鸡冠、凤仙、秋海棠，再到黄栌、爬山虎，从花到叶，从单一到多样，让人感受到北京秋意正浓、秋意正美。

读·思·悟

中国的文人爱花。莲之高洁、梅之傲骨、菊之隐逸、兰之淡泊，常常能触发人的情感，激发人的想象。文人墨客在花开花落间领悟人生，宣泄情感。作者所写之花，却是普通人家房前屋后的秋葵、鸡冠、凤仙、秋海棠等，偶有桂花和菊花也是做成馅料或者和着美食，"既醉既饱，至今不忘"。此情少了文人的孤傲，却多了份平凡生活的平和。

- 写作百宝箱
- 作家创作谈
- 名人故事汇
- 名家作品集

扫码领取

第四章 人间风景

文学名家 作品精选

翠湖心影

有一个姑娘，牙长得好。有人问她：

"姑娘，你多大了？"

"十七。"

"住在哪里？"

"翠湖西。"

"爱吃什么？"

"辣子鸡。"

过了两天，姑娘摔了一跤，磕掉了门牙。有人问她：

"姑娘多大了？"

"十五。"

"住在哪里？"

"翠湖。"

"爱吃什么？"

"麻婆豆腐。"

做铺垫：作者通过一个有趣的笑话，十分自然地为下文"翠湖"这一地点的出现做铺垫。

这是我在四十四年前听到的一个笑话。当时觉得很无聊（是在一个座谈会上听一个本地才子说的）。现在想起来觉得很亲切。因为它让我想起翠湖。

昆明和翠湖分不开，很多城市都有湖。杭州西湖、济南大明湖、扬州瘦西湖。然而这些湖和城的关系都还不是那样密切。似乎把这些湖挪开，城市也还是城市。翠湖可不能挪开。没有翠湖，昆明就不成其为昆明了。翠湖在城里，而且几乎就挨着市中心。城中有湖，这在中国，在世界上，都是不多的。说某某湖是某某城的眼睛，这是一个俗得不能再俗的比喻了。然而说到翠湖，这个比喻还是躲不开。只能说：翠湖是昆明的眼睛。有什么办法呢，因为它非常贴切。

翠湖是一片湖，同时也是一条路。城中有湖，并不妨碍交通。湖之中，有一条很整齐的贯通南北的大路。从文林街、先生坡、府甬道，到华山南路、正义路，这是一条直达的捷径。——否则就要走翠湖东路或翠湖西路，那就绕远多了。昆明人特意来游翠湖的也有，不多。多数人只是从这里穿过。翠湖中游人少而行人多。但是行人到了翠湖，也就成了游人了。从喧嚣扰攘的闹市和刻板枯燥的机关里，匆匆忙忙地走过来，一进了翠湖，即刻就会觉得浑身轻松下来；生活的重压、柴米油盐、委屈烦恼，就会冲淡一些。人们不知不觉地放慢了脚

> **对比修辞**：通过对比，展现出翠湖与其他湖的不同之处——翠湖对于昆明的作用是其他湖对其所在城市的作用所不能比的，顺理成章地引出后文所提的"翠湖是昆明的眼睛"这个结论。

文学名家 作品精选

引用修辞：引用唐代诗人杜牧《寄扬州韩绰判官》中的诗句，说明昆明的树在冬天也是绿的，凸显了昆明的"绿"这个特点，为后文总结翠湖"翠"的特点埋下伏笔。

夸张修辞：通过夸张修辞，写柳树"绿得好像要滴下来"，生动地写出了翠湖的柳树在下雨后绿得更浓、更纯的特点。

步，甚至可以停下来，在路边的石凳上坐一坐，四边看看。即使仍在匆忙地赶路，人在湖光树影中，精神也很不一样了。翠湖每天每日，给了昆明人多少浮世的安慰和精神的疗养啊！因此，昆明人——包括外来的游子，对翠湖充满感激。

翠湖这个名字起得好！湖不大，也不小，正合适。小了，不够一游；太大了，游起来怪累。湖的周围和湖中都有堤。堤边密密地栽着树。树都很高大。主要的是垂柳。"秋尽江南草未凋"，昆明的树好像到了冬天也还是绿的。尤其是雨季，翠湖的柳树真是绿得好像要滴下来。湖水极清。我的印象里翠湖似没有蚊子。夏天的夜晚，我们在湖中漫步或在堤边浅草中坐卧，好像都没有被蚊子咬过。湖水常年盈满。我在昆明住了七年，没有看见过翠湖干得见了底。偶尔接连下了几天大雨，湖水涨了，湖中的大路也被淹没，不能通过了。但这样的时候很少。翠湖的水不深。浅处没膝，深处也不过齐腰。翠湖不种荷花，但是有许多水浮莲。肥厚碧绿的猪耳状的叶子，开着一望无际的粉紫色的蝶形的花，很热闹。我是在翠湖才认识这种水生植物的。我以后再也没看到过这样大片大片的水浮莲。湖中多红鱼，很大，都有一尺多长。这些鱼已经习惯于人声脚步，见人不惊，整天只是安安静静地、悠然地浮沉游动着。有时夜晚从湖中大路上过，会忽然拔剌一声，从湖心跃起一条极大的大鱼，吓你一跳。湖水、柳树、粉紫色的水浮莲、红鱼，共同组成一个印象：翠。

一九三九年的夏天，我到昆明来考大学，寄住在青莲街的同济中学的宿舍里，几乎每天都要到翠湖。

学校已经发了榜，还没有开学，我们除了骑马到黑龙潭、金殿，坐船到大观楼，就是到翠湖图书馆去看书。这是我这一生去过次数最多的一个图书馆，也是印象极佳的一个图书馆。

图书馆不大，形制有一点像一个道观。非常安静整洁。有一个侧院，院里种了好多盆白茶花。这些白茶花有时整天没有一个人来看它，就只是安安静静地欣然地开着。图书馆的管理员是一个妙人。他没有准确的上下班时间。有时我们去得早了，他还没有来，门没有开，我们就在外面等着。他来了，谁也不理，开了门，走进阅览室，把壁上一个不走的挂钟的时针"喀啦啦"一拨，拨到八点，这就上班了，开始借书。这个图书馆的藏书室在楼上。楼板上挖出一个长方形的洞，从洞里用绳子吊下一个长方形的木盘。借书人开好借书单，——管理员把借书单叫做"飞子"，昆明人把一切不大的纸片都叫做"飞子"，买米的发票、包裹单、汽车票，都叫"飞

> **用词生动：**
> "欣然"一词生动地写出了白茶花即使无人欣赏，也依旧盛开得十分灿烂的样子。

前后呼应：与前文中图书馆管理员上班时将挂钟拨到八点相呼应，凸显出这个图书馆的特别之处，令人感到十分有趣。

子"，——这位管理员看一看，放在木盘里，一拽旁边的铃铛，"当啷啷"，木盘就从洞里吊上去了。——上面大概有个滑车。不一会，上面拽一下铃铛，木盘又系了下来，你要的书来了。这种古老而有趣的借书手续我以后再也没有见过。

这个小图书馆藏书似不少，而且有些善本。我们想看的书大都能够借到。过了两三个小时，这位干瘦而沉默的有点像陈老莲画出来的古典的图书管理员站起来，把壁上不走的挂钟的时针"喀啦啦"一拨，拨到十二点：下班！我们对他这种以意为之的计时方法完全没有意见。因为我们没有一定要看完的书，到这里来只是享受一点安静。我们的看书，是没有目的的，从《南诏国志》到福尔摩斯，逮什么看什么。

翠湖图书馆现在还有么？这位图书管理员大概早已作古了。不知道为什么，我会常常想起他来，并和我所认识的几个孤独、贫穷而有点怪癖的小知识分子的印象掺和在一起，越来越鲜明。总有一天，这个人物的形象会出现在我的小说里的。

翠湖的好处是建筑物少。我最怕风景区挤满了亭台楼阁。除了翠湖图书馆，有一簇洋房，是法国人开的翠湖饭店。这所饭店似乎是终年空着的。大门虽开着，但我从未见过有人进去，不论是中国人还是法国人。此外，大路之东，有几间黑瓦朱栏的平房，狭长的，按形制似应该叫做"轩"。也许里面是有一方题做什么轩的横匾的，但是我记不得了。也许根本没有。轩里有一阵曾有人卖过面点，大概因为生意不好，停歇了。轩内空荡荡的，没有桌椅。只在廊下有一个卖"糠虾"的老婆婆。"糠虾"是只有皮壳没有肉的小虾。晒干了，卖给游人喂鱼。花极少的钱，便可从老婆婆手里买半碗，一把一把撒在水里，一尺多长的红鱼就很兴奋地游过来，抢食水面的糠虾，唼喋有声。糠虾喂完，人鱼俱散，轩中又是空荡荡的，剩下老婆婆一个人寂然地坐在那里。

路东伸进湖水，有一个半岛。半岛上有一个两层的楼阁。阁上是个茶馆。茶馆的地势很好，四面有窗，入目都是湖水。夏天，在阁子上喝茶，很凉快。这家茶馆，夏天，是到了晚上还卖茶的（昆明的茶馆都是这样，收市很晚），我们有时会一直坐到十点多钟。茶馆卖盖碗茶，还卖炒葵花子、南瓜子、花生米，都装在一个白铁敲成的方碟子里，昆明的茶馆计账的方法有点特别：瓜子、花生，都是一个价钱，按碟算。喝完了茶："收茶钱！"堂倌走过来，数一数碟子，就报出个钱数。我们的同学有时临窗饮茶，嗑完一碟瓜子，随手把铁皮碟往外一扔①，"piā——"，碟子就落进了水里。堂倌算

拟人修辞：
"兴奋"本是人类的情绪，作者在此用来形容红鱼，生动地写出了红鱼抢食糠虾的热闹景象。

妙用动词：
"伸"这个词既生动又准确地写出了翠湖中出现一个半岛的样子。

---

① 在生活中我们可不能这么做哟！

账，还是照碟算。这些堂倌们晚上清点时，自然会发现碟子少了，并且也一定会知道这些碟子上哪里去了，但是从来没有一次收茶钱时因此和顾客吵起来过；并且在提着大铜壶用"凤凰三点头"手法为客人续水时也从不拿眼睛"贼"着客人。把瓜子碟扔进水里，自然是不大道德。不过堂倌不那么斤斤计较的风度却是很可佩服的。

除了到翠湖图书馆看书，喝茶，我们更多的时候是到翠湖去"穷遛"。这"穷遛"有两层意思，一是不名一钱地遛，一是无穷无尽地遛。"园日涉以成趣"，我们遛翠湖没有个够的时候。尤其是晚上，踏着斑驳的月光树影，可以在湖里一遛遛好几圈。一面走，一面海阔天空，高谈阔论。我们那时都是二十岁上下的人，似乎有很多话要说，可要说，我们都说了些什么呢？我现在一句都记不得了！

我是一九四六年离开昆明的。一别翠湖，已经三十八年了，时间过得真快！

我是很想念翠湖的。

我听说，翠湖现在很热闹，经常举办"蛇展"什么的，我又有点担心。这又会成了什么样子呢？我不反对翠湖游人多，甚至可以有游艇，甚至可以设立摊棚卖破酥包子、焖鸡米线、冰激凌、雪糕，但是最好不要搞"蛇展"。我希望还我一个明爽安

巧用成语：
"不名一钱"说明在翠湖游玩不需要花钱；"无穷无尽"则指在翠湖遛的时候，遛多少圈都行。

静的翠湖。我想这也是很多昆明人的希望。

（文章有删减）

赏析

文章以一个四十四年前听到的笑话开头，让人感到匪夷所思；往后读，才发现这则笑话与作者所要写的翠湖无关，只是因为它能让作者想起翠湖而已。随后，作者跟随自己的记忆，对被他称为"昆明的眼睛"的翠湖展开了描写。

翠湖是一处让人释放情绪的地方。"翠湖中游人少而行人多。但是行人到了翠湖，也就成了游人了""人们不知不觉地放慢了脚步，甚至可以停下来，在路边的石凳上坐一坐，四边看看"，通过这样的观察，文章从侧面烘托出了翠湖的特点：这是一个具有"浮世的安慰和精神的疗养"功能的地方。

在描写翠湖的景色时，作者集中笔墨抓住翠湖的独特之处，对翠湖的景色特点进行了详细描绘。比如大小合适，岸边的垂柳冬天也是绿的，夏天没有蚊子，湖水常年盈满，水不深，有许多水浮莲、红鱼，这些共同阐述了翠湖的"翠"的特点。

除了景色美，翠湖还有有趣的事，其一是作者对翠湖图书馆的美妙记忆，包括那个被称为"妙人"的图书馆管理员、独特的上下班规矩、借书用的"飞子"等；还有就是对夏天临湖喝茶场景的有趣记录。透过对翠湖周边人和事的记录，使得翠湖变得立体起来了，让人感到这里的确是一个人们休闲的好去处。在这里，人们的确能够放松心灵，"疗养"精神。这从另一个方面与前文形成了呼应。

在文末，作者提到当今的翠湖："我希望还我一个明爽安静的翠湖。我想这也是很多昆明人的希望。"作者如是说，也照应了文章的

文学名家 作品精选

主题，即希望翠湖能够变回他记忆中的翠湖，变回那个能够给人"浮世的安慰和精神的疗养"的翠湖，让读者感受到作者对翠湖的深厚情感。

读·思·悟

翠湖是一个令作者难忘的地方，对他来说，在翠湖的生活有着极为重要的意义。他希望翠湖仍然是那个能让人的身心得到休憩的地方，所以当他听说翠湖举办"蛇展"的时候，心中充满了伤感。

在最后，翠湖到底变成了什么样子，我们不得而知，然而作者笔下的翠湖却深深地印刻在了我们的头脑里，成了照片，成了永恒。阅读本文，你能感受到作者内心的什么情感？是留恋，是难过，还是美好的希冀？

冬 天

天冷了，堂屋里上了槅子。槅子是春暖时卸下来的，一直在厢屋里放着。现在，搬出来，刷洗干净了，换了新的粉连纸，雪白的纸。上了槅子，显得严紧，安适，好像生活中多了一层保护。家人闲坐，灯火可亲。

床上拆了帐子，铺了稻草。洗帐子要拣一个晴朗的好天，当天就晒干。夏布的帐子，晾在院子里，夏天离得远了。稻草装在一个布套里，粗布的，和床一般大。铺了稻草，暄腾腾的，暖和，而且有稻草的香味，使人有幸福感。

不过也还是冷的。南方的冬天比北方难受，屋里不生火。晚上脱了棉衣，钻进冰凉的被窝里；早起，穿上冰凉的棉袄棉裤，真冷。

放了寒假，就可以睡懒觉。棉衣在铜炉子上烘过了，起来就不是很困难了。尤其是，棉鞋烘得

妙用词语： 作者用"闲"字写了家人间温馨闲适的气氛，"亲"虽指灯火，实为说人。亲人围坐，灯火暖亮，构成了人们心中温馨平凡的家，直击人心，让人心动。

热热的，穿进去真是舒服。

我们那里生烧煤的铁火炉的人家很少。一般取暖，只是铜炉子，脚炉和手炉。脚炉是黄铜的，有多眼的盖。里面烧的是粗糠。粗糠装满，铲上几铲没有烧透的芦柴火（我们那里烧芦苇，叫做"芦柴"）的红灰盖在上面。粗糠引着了，冒一阵烟，不一会，烟尽了，就可以盖上炉盖。粗糠慢慢延烧，可以经很久。老太太们离不开它。闲来无事，抹抹纸牌，每个老太太脚下都有一个脚炉。脚炉里粗糠太实了，空气不够，火力渐微，就要用"拨火板"沿炉边挖两下，把粗糠拨松，火就旺了。脚炉暖人。脚不冷则周身不冷。焦糠的气味也很好闻。仿日本俳句，可以作一首诗："冬天，脚炉焦糠的香。"手炉较脚炉小，大都是白铜的，讲究的是银制的。炉盖不是一个一个圆窟窿，大都是镂空的松竹梅花图案。手炉有极小的，中置炭墼（煤炭研为细末，略加蜜，筑成饼状。墼，jī），以纸煤头引着。一个炭墼能经一天。

冬天吃的菜，有乌青菜、冻豆腐、咸菜汤。乌青菜塌棵，平贴地面，江南谓之"塌苦菜"，此菜味微苦。我的祖母在后园辟小片地，种乌青菜，经霜，菜叶边缘做紫红色，味道苦中泛甜。乌青菜与"蟹油"同煮，滋味难比。"蟹油"是以大螃蟹煮熟剔肉，加猪油"炼"成的，放在大海碗里，凝

语言质朴：

"脚炉暖人""手炉较脚炉小"，语言质朴却富有表现力，让暖气在手脚间流转，让心在焦糠的气味里变暖。一幅冬日取暖的温馨画面浮现，闲适而富有生活情趣。

成蟹冻，久贮不坏，可吃一冬。豆腐冻后，不知道为什么呈蜂窝状。化开，切小块，与鲜肉、咸肉、牛肉、海米或咸菜同煮，无不佳。冻豆腐宜放辣椒、青蒜。我们那里过去没有北方的大白菜，只有"青菜"。大白菜是从山东运来的，美其名曰"黄芽菜"，很贵。"青菜"似油菜而大，高二尺，是一年四季都有的，家家都吃的菜。咸菜即是用青菜腌的。阴天下雪，喝咸菜汤。

冬天的游戏：踢毽子，抓子儿，下"逍遥"。"逍遥"是在一张正方的白纸上，木版印出螺旋的双道，两道之间印出八仙、马、兔子、鲤鱼、虾……每样都是两个，错落排列，不依次序。玩的时候各执铜钱或象棋子为子儿，掷骰子，如果骰子是五点，自"起马"处数起，向前走五步，是兔子，则可向内圈寻找另一个兔子，以子儿押在上面。下一轮开始，自里圈兔子处数起，如是六点，进六步，也许是铁拐李，就寻另一个铁拐李，把子儿押在那个铁拐李上。如果数至里圈的什么图上，则到外圈去找，退回来。点数够了，子儿能进至终点（终点是一座宫殿式的房子，不知是月宫还是龙门），就算赢了。次后进入的为"二家""三家"。"逍遥"两个人玩也可以，三个四个人玩也可以。不知道为什么叫做"逍遥"。

早起一睁眼，窗户纸上亮晃晃的，下雪了！雪

白描传神： 作者不用浓丽的形容词和繁复的修饰语，而用准确、简洁的动词，如"煮""剔""炼""凝""化""切"等，寥寥几笔写出家乡菜的做法。朴素、单纯的描写，既简洁，又留给了读者想象的空间，表达了作者对家乡冬天吃的菜的美好回忆和浓浓思乡情。

文学名家 作品精选

妙用色彩：作者抓住景物的颜色，在一片白色的天地间，点缀着明黄的梅花和鲜红的天竺果。生动形象地描绘出一幅颜色鲜艳、生意盎然的雪景图，凸显冬日的勃勃生机。

天，到后园去折腊梅花、天竺果。明黄色的腊梅，鲜红的天竺果，白雪，生意盎然。腊梅开得很长，天竺果尤为耐久，插在胆瓶里，可经半个月。

春粉子。有一家邻居，有一架碓（duì）。这架碓平常不大有人用，只在冬天由附近的一二十家轮流借用。碓屋很小，除了一架碓，只有一些筛子、箩。踩碓很好玩，用脚一踏，吱扭一声，碓嘴扬了起来；嘭的一声，落在碓窝里。粉子舂好了，可以蒸糕，做"年烧饼"（糯米粉为蒂，包豆沙白糖，作为饼，在锅里烙熟），搓圆子（即汤团）。春粉子，就快过年了。

赏析

本文很有趣，从表面看，作者写的是冬天，但其实写的是"乡情"。作者写了上槅子、拆帐子铺稻草、取暖的脚炉和手炉、冬天吃的菜、冬天玩的游戏、雪天折腊梅花和天竺果、春粉子等，这些都有令人感动的地方，读者能够体会出其中浓浓的乡情。比如"上了槅子，显得严紧，安适，好像生活中多了一层保护。家人闲坐，灯火可亲"，这温暖的一幕多有滋味！"闲来无事，抹抹纸牌，每个老太太脚下都有一个脚炉"，多么闲适而温馨的场景！"踩碓很好玩，用脚一踏，吱扭一声，碓嘴扬了起来；嘭的一声，落在碓窝里"，欢闹中的兴奋、开心显露无遗……

作者在描写幼年家乡的冬天时，并不是面面俱到，而是有详有略。其中，取暖的脚炉和手炉、菜肴、游戏这三种，作者进行了详细的刻画，每一种都写得趣味十足，将其中的乐趣展现得淋漓尽致。作者对其他方面则简略描写，做到了层次分明。

在写作时，作者的细节刻画非常形象。如写冬天的感觉，"晚上脱了棉衣，钻进冰凉的被窝里；早起，穿上冰凉的棉袄棉裤，真冷"，让人仿佛身临其境，也有种浑身冰凉的错觉，极为形象。再如踩碓时的一系列动作描写，"用脚一踏，吱扭一声，碓嘴扬了起来；嘭的一声，落在碓窝里"，每个动作都不是编造出来的，仿佛就发生在读者眼前，真实、准确、贴切。

读·思·悟

读文章，我们需要"用心"，需要思考、学习，而不是读完就算了，只觉得写得好，好在哪里却全然不知。

本文有一个清晰的主线，那就是"冬天"。作者写了冬天中的人、事、物，以及这三者之间的互动，而这三者之间的互动则形成了一个隐蔽的暗线，那就是"乡情"。

我们可以看到，整篇文章都是在写作者童年的故乡。我们若把本文单纯当作一篇写景文，那就过于偏颇了，实际上，文中的"乡情"占了很大的比重。反过来想，如果作者没有这份浓浓的"乡情"，怎能把家乡的冬天写得这样好呢？这点是我们需要意识到的。

- 写作百宝箱
- 作家创作谈
- 名人故事汇
- 名家作品集

扫码领取

夏　天

夏天的早晨真舒服。空气很凉爽，草上还挂着露水（蜘蛛网上也挂着露水）。写大字一张，读古文一篇。夏天的早晨真舒服。

凡花大都是五瓣，栀子花却是六瓣。山歌云："栀子花开六瓣头。"栀子花粗粗大大，色白，近蒂处微绿，极香，香气简直有点叫人受不了，我的家乡人说是"碰鼻子香"。栀子花粗粗大大，又香得掸都掸不开，于是为文雅人不取，以为品格不高。栀子花说："我就是要这样香，香得痛痛快快，你们管得着吗！"

人们往往把栀子花和白兰花相比。苏州姑娘串街卖花，娇声叫卖："栀子花！白兰花！"白兰花花朵半开，娇娇嫩嫩，如象牙白色，香气文静，但有点甜俗。

夏天的花里最为幽静的是珠兰。

牵牛花短命。早晨沾露才开，午时即已萎谢。

秋葵也命薄。瓣淡黄，白心，心外有紫晕。风吹薄瓣，楚楚可怜。

凤仙花有单瓣者，有重瓣者。重瓣者如小牡丹。凤仙花茎粗肥，湖南人用以腌"臭咸菜",此吾乡所未有。

马齿苋、狗尾巴草、益母草,都长得非常旺盛。

淡竹叶开浅蓝色小花,如小蝴蝶,很好看。叶片微似竹叶而较柔软。

"万把钩"即苍耳。因为结的小果上有许多小钩,碰到它就会挂在衣服上,得小心摘去。所以孩子叫它"万把钩"。

我们那里有一种"巴根草",贴地而长,见缝扎根,一棵草蔓延开来,长了很多根,横的,竖的,一大片。而且非常顽强,拉扯不断。很小的孩子就会唱:

巴根草,

绿茵茵,

唱个唱,

把狗听。

最讨厌的是"臭芝麻"。掏蟋蟀、捉金铃子,常常沾了一裤腿。奇臭无比,很难除净。

西瓜以绳络悬之井中,下午剖食,一刀下去,喀嚓有声,凉气四溢,连眼睛都是凉的。

天下皆重"黑籽红瓤",吾乡独以"三白"为贵:白皮、白瓤、白籽。"三白"以东墩产者最佳。

香瓜有:牛角酥,状似牛角,瓜皮淡绿色,刨去皮,则瓜肉浓绿,籽赤红,味浓而肉脆,北京亦有,谓之"羊角蜜";虾蟆酥,不甚甜而脆,嚼之有黄瓜香;梨瓜,大如拳,白皮,白瓤,生脆有梨香;有一种较大,皮色如虾蟆,不甚甜,而极"面",孩子们称之为"奶奶哼",说奶奶一边吃,一边"哼"。

蝈蝈，我的家乡叫做"叫蛐子"。叫蛐子有两种。一种叫"侉叫蛐子"。那真是"侉"，跟一个小驴子似的，叫起来"呱呱呱呱"很吵人。喂它一点辣椒，更吵得厉害。一种叫"秋叫蛐子"，全身碧绿如玻璃翠，小巧玲珑，鸣声亦柔细。

别出声，金铃子在小玻璃盒子里爬哪！它停下来，吃两口食——鸭梨切成小骰子块。它叫了："丁铃铃铃……"

乘凉。

搬一张大竹床放在天井里，横七竖八一躺，浑身爽利，暑气全消。看月华。月华五色晶莹，变幻不定，非常好看。月亮周围有一个模模糊糊的大圆圈，谓之"风圈"，近几天会刮风。"乌猪子过江了"——黑云漫过天河，要下大雨。

一直到露水下来，竹床子的栏杆都湿了，才回去，这时已经很困了，才沾藤枕（我们那里夏天都枕藤枕或漆枕），已入梦乡。

鸡头米老了，新核桃下来了，夏天就快过去了。

（文章有删减）

赏析

这是一篇画面感十足的散文，作者的视角不断变化，从夏天的早晨开始，依次向读者展现了露水、花、草、瓜、昆虫和人们夜晚乘凉的情景，其涉及事物之多，让人眼花缭乱，让读者不禁有种感觉：夏天是聒噪的，是丰富多彩的。

在描写这些事物时，作者并不是机械地向读者展现，而是非常灵活，使用了多种修辞手法。如："栀子花说：'我就是要这样香，香得痛痛快快，你们管得着吗！'"使用拟人修辞，用语直率而生动，给人以非常直接的感受，大有夏天直爽、热情的味道。再如："淡竹叶开浅蓝色小花，如小蝴蝶，很好看。"使用比喻修辞，用语简洁、直接，巧妙地向读者展现出一个立体的小花的样子。

文章对夏天事物的描写是并列式的，并没有针对某一种特别详细地进行刻画，大都是一笔带过。然而一个接一个，却给人以生机勃勃之感。这样一想，这不就是夏天吗？夏天就是这些事物组合而成的，既热烈又纷杂，既活泼又奔放……这就是作者笔下的夏天的特点。

在文章末尾，作者连用三个"……了"，表现夏天快要过去了，从中我们能够读出一种无限惋惜的心情。

读·思·悟

本文粗读起来，会发现有这样一个特点，作者描写的夏天，观察对象很多，并不是主要描写其中某种事物。作者有时会针对某个事物说上几个特点，甚至带一点考据；而有时却只是一笔带过，三言两语就写完了。然而这些特点综合起来，却能给我们一个详尽而丰富的夏天景象，这是为什么呢？有两个原因：一是作者能够非常真诚地写实，描写事物不添油加醋；二是这种写法正符合夏天那种热烈奔放的特点，如走马看花般的节奏感。两者相辅相成，使得文中描写的夏天的景象更为鲜明起来。

淡淡秋光

秋葵·凤仙花·秋海棠

秋葵叶似鸡脚，又名鸡脚葵、鸡爪葵。花淡黄色，淡若无质。花瓣内侧近蒂处有檀色晕斑。花心浅白，柱头深紫。秋葵不是名花，然而风致楚楚。古人诗说秋葵似女道士，我觉得很像，虽然我从未见过一个女道士。

凤仙花有单瓣、重瓣。单瓣者多为水红色。重瓣者为深红、浅红、白色。重瓣者花似小牡丹，只是看不见花蕊。花谢，结小房如玉搔头。凤仙花极易活，子熟，花房裂破，子实落在泥土、砖缝里，第二年就会长出一棵一棵的凤仙花，不烦栽种。凤仙花可染指甲。凤仙花捣烂，少加矾，用花叶包于指尖，历一夜，第二天指甲就成了浅浅的红颜色。北京人即谓凤仙为"指甲花"。现在人概没有用凤仙花染指甲的了，除非偏远山区的女孩子。

我们那里的秋海棠只有一种，矮矮的草本，开浅红色四瓣的花，中缀黄色的花蕊如小绒球。像北京的银星海棠那样硬秆、大叶、繁花的品种是没有的。

我母亲生肺病后（那年我才三岁）移居在一小屋中，与家人隔离。她死后，这间小屋就成了堆放她生前所用家具什物的贮藏室。有时需要取用一件什么东西，我的继母就打开这间小屋，我也跟着进去看过。这间小屋外面有一小天井，靠墙有一个秋叶形的小花坛。花坛里开着一丛秋海棠。也没有人管它，它自开自落。我母亲没有给我留下什么记忆。我记得的只有两件事。一件是我父亲陪母亲乘船到淮安去就医，把我带在身边。船篷里挂了好些船家自腌的大头菜（盐腌的，白色，有点像南浔大头菜，不像云南的"黑芥"），我一直记着这大头菜的气味。另一件便是这丛秋海棠。我记住这丛秋海棠的时候，我母亲去世已经有两三年了。我并没有感伤情绪，不过看见这丛秋海棠，总会想到母亲去世前是住在这里的。

香橼・木瓜・佛手

我家的"花园"里实在没有多少花。花园里有一座"土山"。这"土山"不知是怎么形成的，是一座长长的隆起的土丘。"山"上只有一棵龙爪槐，旁枝横出，可以倚卧。我常常带了一块带筋的酱牛肉或一块榨菜，半躺在横枝上看小说，读唐诗。"山"的东麓有两棵碧桃，一红一白，春末开花极繁盛。"山"的正面却种了四棵香橼。我不知道我的祖父在开园堆山时为什么要栽了这样几棵树。这玩意就是"橘逾淮南则为枳"的枳（其实这是不对的，橘与枳自是两种）。这是很结实的树。木质坚硬，树皮紧细光滑。叶片经冬不凋，深绿色。树枝有硬刺。春天开白色的花。花后结圆球形的果，秋后成熟。香橼不能吃，瓤极酸涩，很香，不过香得不好闻。凡花果之属有香气者，总要带点甜味才好，香橼的香气里却带有苦味。香橼很肯结，树上累累的都是深绿色的果子。香橼算是我家的"特产"，可以摘了送人。但似乎不受欢迎。没有什么用处，只好听它自己碧绿地垂在枝头。到了冬天，皮色变黄了，放在盘子里，摆在水仙花旁边，也还有点意思，其时已近春节了。总之，香橼不是什么佳果。

香橼皮晒干，切片，就是中药里的枳壳。

花园里有一棵木瓜，不过不大结。我们所玩的木瓜都是从水果摊上买来的。所谓"玩"就是放在衣口袋里，不时取出来，凑在鼻子跟前闻闻——那得是较小的，没有人在口袋里揣一个茶叶罐大小的木瓜的。木瓜香味很好闻。屋子里放几个木瓜，一屋子随时都是香的，使人心情恬静。

我们那里木瓜是不吃的。这东西那么硬，怎么吃呢？华南切为小薄片，制为蜜饯。厦门人是什么都可以做蜜饯的，加了很多味道奇怪的药料。昆明水果店将木瓜切为大片，泡在大玻璃缸里。有人要买，随时用筷子夹出两片。很嫩，很脆，很香。泡木瓜的水里不知加了什么，否则这木头一样的瓜怎么会变得如此脆嫩呢？中国人从前是吃木瓜的。《东京梦华录》载"木瓜水"，这大概是一种饮料。

佛手的香味也很好。不过我真不知道一个水果为什么要长得这么奇形怪状！佛手颜色嫩黄可爱。《红楼梦》贾母提到一个蜜蜡佛手，蜜蜡雕为佛手，颜色、质感都近似，设计这件摆设的工匠是个聪明人。蜜蜡不是很珍贵的玉料，但是能够雕成一个佛手那样大的蜜蜡却少见，贾府真是富贵人家。

佛手、木瓜皆可泡酒。佛手酒微有黄色，木瓜酒却是红色的。

橡　栗

橡栗即"狙公赋芧"的芧，不知道为什么我们小时候却叫它"茅栗子"。这是"形近而讹"么？不过我小时候根本不认得这个"芧"字。橡即栎。我们也不认得"栎"字，只是叫它"茅栗子树"。我们那里茅栗子树极少，只有西门外小校场的西边有一棵，很大。到了秋天，茅栗子熟了，落在地下，我们就去捡茅栗子玩。茅栗子有什么好玩的？形状挺有趣，有一点像一个小坛子，不过底是尖的。皮色浅黄，很光滑。如此而已。我们有时在它的像个小盖子似的蒂部扎一个小窟窿，插进半截火柴棍，成了一个"捻捻转"。用手一捻，它就在桌面上旋转，像一个小陀螺。如此而已。

小校场是很偏僻的地方，附近没有什么人家。有一回，我和几个女同学去捡茅栗子，天黑下来了，我们忽然有些害怕，就赶紧往城里走。路过一家孤零零的人家门外，门前站着一个岁数不大的人，说："你们要茅栗子么？我家里有！"我们立刻感到：这是个坏人。我们没有搭理他，只是加快了脚步，拼命地走。我是同学里的唯一的男子汉，便像一个勇士似的走在最后。到了城门口，发现这个坏人没有跟上来，才松了一口气。当时的紧张心情，我过了很多年还记得。

梧　桐

一叶落而知天下秋，梧桐是秋的信使。梧桐叶大，易受风。叶柄甚长，叶柄与树枝连接不很结实，好像是粘上去的。风一吹，树叶极易脱落。立秋那天，梧桐树本来好好的，碧绿碧绿，忽然一阵小风，欻（chuā）的一声，飘下一片叶子，无事的诗人吃了一惊：啊！秋天了！其实只是桐叶易落，并不是对于时序有特别敏感的"物性"。梧桐落叶早，但不是很快就落尽。《唐明皇秋夜梧桐雨》证明秋后梧桐还是有叶子的，否则雨落在光秃秃的枝干上，不会发出使多情的皇帝伤感的声音。据我的印象，梧桐大批地落叶，已是深秋，树叶已干，梧桐子已熟。往往是一夜大风，第二天起来一看，满地桐叶，树上一片也不剩了。

梧桐子炒食极香，极酥脆，只是太小了。

我的小学校园中有几棵大梧桐，大风之后，我们就争着捡梧桐叶。我们要的不是叶片，而是叶柄。梧桐叶柄末端稍稍鼓起，如一小马蹄。这个小马蹄纤维很粗，可以磨墨。所谓"磨墨"其实是在砚台上注了水，用粗纤维的叶柄来回磨蹭，把砚台上干硬的宿墨磨化了，可以写字了而已。不过我们都很喜欢用梧桐叶柄来磨墨，好像这样磨出的墨写出字来特别地好。一到梧桐落叶那几天，我们的书包里都有许多梧桐叶柄，好像这是什么宝贝。对于这样毫不值钱的东西的珍视，是可以不当一回事的么？不啊！这里凝聚着我们对于时序的感情。这是"俺们的秋天"。

赏析

  本文选材淡而有味。淡淡的秋光里有作者真挚温馨的情感，更有淡泊超然的意蕴美。

  作者选秋花，淡而有情。作者选取秋葵、凤仙花、秋海棠这三种生活中较常见的花，融入情思。秋葵风致楚楚，似女道士；凤仙花可以染红女孩子的指甲；秋海棠让作者想起早逝的母亲。三种花作者都联想到女性，在这些女性各自的命运里都有伤痕。

  作者关爱生命，却不粉饰雕琢，更没有感伤的抒情。作者对生命的关爱让人觉得温暖。

  作者选秋果，香而多趣。香橼有香气却不好闻，皮可以入药；木瓜太硬，香气好闻，还可以做蜜饯；佛手香味好，却长得奇形怪状。茅栗子也是秋果，形状有趣，可以做成"捻捻转"。香而多趣的秋果让秋光意蕴深长，真挚又温暖，令人喜爱。

  作者选秋树——梧桐，叶落却多情。桐叶易落，易让人感伤，对于孩子却是欢乐的。淡淡的秋光里，捡梧桐叶，留下叶柄"磨墨"，叶柄装满了书包，欢乐装满了童年。这些叶柄毫不值钱，孩子们却珍视不已。孩子们心里的快乐不需要金钱去创造，只要付出真情，就可以自豪地喊一句"俺们的秋天"。作者在淡淡的秋光里融入了真挚温馨的情感，让人感动。

  作者选取日常生活中的平常之物进行描写，带着淡淡的味道，别有情趣。浸沉在作品中，读者可以感受平和的言语中流动着的真挚情感，品味作者淡泊超然的人生态度，欣赏一种别样的意蕴美。

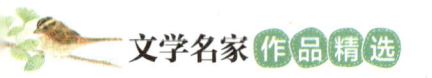

读·思·悟

　　淡淡的秋光正如平淡的生活。一草一木皆是生活，如何品味其中滋味要看人的心境。同样看秋景，悲者看的是"无边落木"，乐者看的却是"胜春朝"。秋光里淡淡的味道，让人回味，让人思考。

　　秋色闲淡，秋光不老。

- 写作百宝箱
- 作家创作谈
- 名人故事汇
- 名家作品集

扫码领取

我的读后感

读《汪曾祺经典作品选》有感

  暑假，我读了汪曾祺的作品，获益匪浅。汪曾祺是一位善于在生活中发现美的智者。读他的文字，就如同在一个静静的冬夜，坐在火炉旁，手捧着一杯热茶，观看一部民俗纪录片，从中不断地涌现出各种有趣的知识——都是我在生活中忽略的美妙、生动的画面。

  汪曾祺的散文作品中，时常出现一些常见的但却让人容易忽略的事物，比如《夏天》一文中对露水、栀子花等景物的细微描写。汪曾祺善于从细小的视角嵌入，书写凡人小事、乡情民俗、花鸟虫鱼……他能捕捉生活中的平凡之美，并挖掘出这些平凡事物中所蕴含的不平凡的趣味。特别是《花园》一文，让我深受震撼。文章并没有直接进行景物描写，而是通过儿童的视角来描写花园：你看，花园的背景是灰青色、褐色、黑色的老宅，里面充满了影子——伸拔到无穷高的大柱子，神堂屋里挂着的鸟笼和"永远眯着眼假寐"的鸟……在写园子里的草时，汪曾祺也不直接写草如何青、如何绿，而写"巴根草"的儿歌、"我"躺在草地上拉草根、草根的甜味和它似有若无的水红色、"我"与草的"游戏"、被草磨得发光的鞋底……后面写的虫、鸟、花等，都是通过儿童的视角才能看到的东西，都是通过儿童的心才能感受到的美，这些都向我们展示了儿童眼中的一个天真、纯洁的美好世界，表现出作者对大自然的喜爱之情。

在日常生活中，由于生活节奏快、生存压力大，我们往往忙于学习或工作，忽略了身边的平凡小事。读到汪曾祺的作品，我才发现自己真是错过了太多美好的东西。由于沉浸在自我的小世界里，生活中平凡而美好的事物仿佛与我划清了界限，这对我来说是多大的损失呀！

我曾经看到有人这样评价汪曾祺的作品："它给人的第一感觉是一种平淡的美，是一种细水悠悠的淡雅。然而在它的平淡中，又无法如白开水般淡而无味，它如一呷清茶，淡雅中带着一袭袭清香，让人久久回味。"的确，我在阅读这本书的时候，并没有感受到他有任何激烈的情绪，只觉得一切都是淡淡的。但读完之后，我却深深地被感动了。我想，这应该就是汪曾祺文字的力量吧。

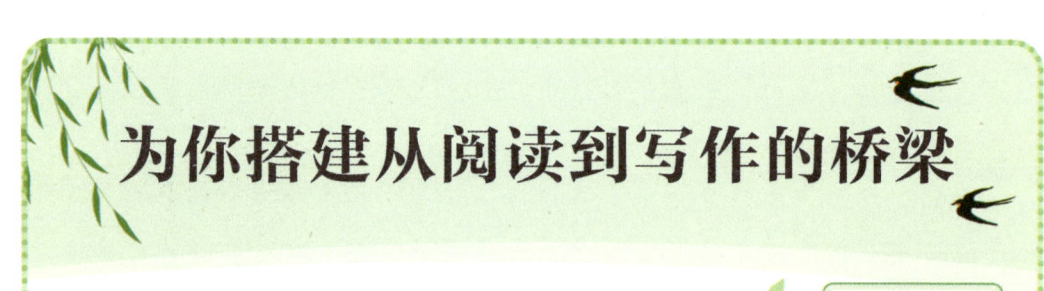

为你搭建从阅读到写作的桥梁

开【写作百宝箱】获取好词佳句和作文学习大礼包。

品【作家创作谈】从作家的创作历程里，借鉴写作经验。

读【名人故事汇】了解作家生平经历，积累写作素材。

听【名家作品集】感受经典作品里的无限魅力。

扫码领取

让智能阅读向导陪伴你品读名家经典作品